ゼロから
マスターする

数秘術

誕生日から読み解く、
あなたの人生

はづき虹映
hazuki kouei

河出書房新社

はじめに

「生まれた日」と書いて、「星」という字になります。

「星」という文字を分解すると、「生まれた日」となります。「生まれた日」の「星」の配置に、私たちの人生を読み解くカギが隠されていることは間違いありません。

しかし、正確な暦が普及した現代では星の配置を読み解くよりも、もっと手軽で、もっと簡単かつ正確に、自らの人生のシナリオを読み解くための知恵が存在します。それが「数字」です。その人の人生のシナリオを読み解くためには、「生まれた日」の「数字」を活用すればいいのです。そう、その数字を読み解く知恵こそ、本書で扱う「数秘術」です。

「数字」こそ、現代における、世界唯一の共通言語です。自らの「生まれた日」の「星の配置」は知らなくても、「生年月日」の「数字」は誰でも知っています。そしてこの誰もが知っている「生まれた日」の「数字」を読み解いた方が、より簡単に、より正確で、よりパーソナルな情報を読み解けることも、きっと容易に理解できるでしょう。

もちろん、「生年月日」の「数字」さえわかれば、人生の謎《なぞ》がすべて解明できるわけではありません。しかし、「生まれた日にち」だけでも31パターン。「生まれた月日」だと、

３６６パターン。そこに「生まれた年」まで加わると、桁違《けたちが》いのバリエーションが生まれることになるのは、想像がつくと思います。

その「生年月日」の「数字」には、その人がもっている特徴や才能、性格や資質、適職や金運、恋愛傾向や苦手分野、運気の波や人生のシナリオ、過去生の記憶や使命、天命に至るまでの膨大な個人データがたたみ込まれています。そうした数字に隠された人生の設計図を読み解くための知恵が、「はづき数秘術」と呼ばれるメソッドに他なりません。

あなたの「お誕生日」には、あなたが生まれる前、あの世で自ら書いてきた「人生のシナリオ」がたたみ込まれています。そのシナリオを読み解くカギは、「数字」にあります。「お誕生日」に託された「数字の暗号」を解読すれば、あなたがどんな目的で、なんのために生まれてきたのかなどが、手に取るように読み解けるようになるのです。

自分の「人生のシナリオ」を読み解くための「扉」が今、ここに開かれています。その神秘の扉を開ける、心の準備はできていますか？　では、「数字」を通して、あなたの「人生のシナリオ」を解き明かす最初の1ページ目を開いてまいりましょう。

はづき虹映

ゼロからマスターする数秘術 目次

第4章　選ばれし者だけが天から与えられる「天命数」

第5章　運命の波にのる「ライフフローチャート（人生周期表）」

序　章

数秘術の基礎知識

２５００年の歴史をもつ「カバラ数秘術」とユダヤ人との関係性

お誕生日の「数字」には、その人の人生のシナリオを読み解くための「数字の暗号」がたたみ込まれています。そのルーツは、今からおよそ２５００年前、紀元前５００年頃の古代ギリシャの哲学者である、ピタゴラスまで遡《さかのぼ》ることになります。ピタゴラスは、「物事の根源は、数である」と考え、現在に通じるさまざまな数学的な法則を発見しました。「ピタゴラスの定理」は、あなたも学校で学んだ記憶があるでしょう。このピタゴラスを源流に、２０００年以上にわたって伝わる神秘の学問体系が、「カバラ数秘術」と呼ばれるものです。

この「カバラ数秘術」を現代に伝えたのは、古代ユダヤ人を祖先にもつユダヤ人だといわれています。現在の世界の経済界で、ユダヤ人たちが多大な影響力をもっているのは、誰もが認める周知の事実。実際、地球上の全人口のわずか０．３％にも満たない程度のユダヤ人（ユダヤ系企業）たちが、ノーベル賞経済部門・受賞者の実に30％以上を占めているというのは、衝撃の事実です。ユダヤ人がどうして、こうもお金や経済に強いのか、その理由はこの「カバラ数秘術」にあるといっても過言ではありません。「ユダヤ民族に伝わる錬金術《れんきんじゅつ》」とは、この「カバラ」のことであり、彼らは「数字の暗号」を読み取ることができ、彼らだけが知っている、「数の法則」を活用しているからこそ、常に世界を股《また》にかけたビジネスや経済界を中心に、あらゆる分野で活躍できているのです。

現在、世界ではさまざまな言語が使われていますが、いわゆるアラビア数字が通用しない国はほとんどありません。現代で唯一の「世界共通言語」だといってもいい、アラビア数字を世界に広めたのも、ユダヤ人たちだといわれています。それだけに彼らユダヤ人は、数字に隠された、別の意味や真の役割を知られたくはなかったのです。「13」や「６・６・６」を不吉な数字として広めたのも、彼らユダヤ人です。こうした数字の秘密を知られてしまうと、それまで彼らだけが知っていた「数字の暗号」のメリットが失われ、ビジネス社会の中での優位性が崩《くず》れてしまいます。ゆえにこの「数字の暗号」については、今まで誰も教えてくれなかったとしても、ある意味、当然だったといえるでしょう。

しかし、今はもう、そういう時代ではありません。これまで２０００年の長きにわたって、ユダヤ人しか知らなかった「カバラ数秘術」の知恵を、世界中のすべての人が活用できるように解放し、より多くの人の幸せと豊かさに貢献したいとの思いから、現代にマッチするよう、わかりやすくまとめたものが、「はづき数秘術」というメソッドです。

「カバラ数秘術」を現代に蘇らせた「はづき数秘術」とは……

数字は、「数」としての役割以外に、ちゃんと「文字」としての機能ももっています。ただ、それについては、今まで２０００年の長きにわたって隠されており、学校ではもちろん、社会に出たあとでも、誰も教えてくれませんでした。その理由は、先述の通り。

算数や数学、計算や計数として使われる「記号」としての数字を、私は「左脳的数字」と呼んでいます。お金の単位や度量衡《どりようこう》、四則の計算で使われる論理的な数字であり、いわゆる、理知的な領域を司る左脳で処理される、一般的な数字の概念です。

これに対して、「なんとなく……」で選ばれる数字というものが存在します。単位や計算といった左脳的な領域を離れたところにある数字。感性や感覚を司る右脳の領域で処理される数字のことを「右脳的数字」として、先の「左脳的数字」と私は区別しています。

本書で扱う数字とは、まさにこの「右脳的数字」のことであり、「右脳的数字」を左脳的かつ論理的に理解するために体系化されたメソッドが、「はづき数秘術」そのものです。「お誕生日」の数字には、その人の「人生の暗号」がたたみ込まれています。特に「生まれた日」の数字は、赤ちゃんが「自分の意志で選び取った日」として重要な意味をもちます。実際、「生まれる日」の決定権は赤ちゃん側にあり、それだけに「生まれた日」には、「生まれる前の前世の記憶」が暗号としてたたみ込まれていると見なします。

これに対して「生まれる月」の決定権は、主に両親に委《ゆだ》ねられることになります。赤ちゃんが誕生する十《と》月十日《つきとおか》前に、両親が愛の営みをしてくれないことには、その「月」に新しい命が誕生することはありません。それだけに「月」の部分の決定権は、主に両親が握《にぎ》っており、「生まれた月日」の数字に隠された暗号は、両親からあなたへ託された未来へのメッセージであると読み解くことができると、私は考えています。さらに「年」に関しては、あなた自身はもちろん、祖父母や両親、あなたの子どもや孫、祖先や子孫すべての総意で決められていると見なします。

「はづき数秘術」の知恵を活用すれば、どんな数字も、「文字」として読み解くことが可能になります。中でも西暦のお誕生日から算出される「4つの数字」を使えば、今生《こんじょう》のあなたが「どこから来て」「どこを通って」「どこへ行こうとしているのか?」が手に取るようにわかり、あなたの才能や特徴、長所、短所はもちろん、前世の記憶、未来へのビジョン、宿命、運命、使命、天命などでさえ、面白いように読み解くことが可能になるのです。

数字に秘められた意味・数字の暗号

ここからは「0、1～9」の10個の数字について、個々の数字に秘められた意味や役割を解説していきます。この基礎を理解することこそ、数秘術において最も重要です。

「0」の暗号　「あの世、宇宙、ニュートラル」

「0」は、トランプのジョーカーのようなもの。オールマイティの数字であり、「1～9」のこの世の数字とは別物の「あの世」を表す数字として扱います。

★0の意味 》「0」は一般的に「何もない」というふうに理解されていますが、正確には「見えないけれど、そこにすべてが詰まっている」というのが、本当の意味です。つまり「0」は「この世」の数字ではなく、「あの世」を表す数字なのです。ですから、この世では本当の意味で「0」を使いこなすことはできないといえるでしょう。

★形の由来≫「0」は本来、「あの世」や「宇宙」を表す数字ですから、二次元の平面で表現できる形ではありません。「0」本来の意味を考えると、「何も書かない」のが、最もふさわしいといえるでしょう。ただし、それではなんのことだか、サッパリわかりません。「0」を書く場合は、せめて「閉じた丸」ではなく、「開かれた丸」として、丸を完全に閉じないように書いた方が、「0」がもつ本来の意味やパワーに、より近づきます。

★役割≫「0」という数字がなければ、今日の経済発展はあり得なかったでしょう。お金が実物経済から切り離され、天文学的な数字にまで拡大できたのは、まさに「0」のお陰です。「0」の役割は、「あの世」と「この世」の融合《ゆうごう》であり、この世のエネルギーを無限に拡大・縮小できる圧倒的なパワーにあります。同時に「0」は単体の場合、「真ん中、中庸《ちゅうよう》、ニュートラル」を意味し、リセットやリバースを促す効果もあります。

★慣用句・ことわざ≫色即是《しきそくぜ》空《くう》、空即是《くうそくぜ》色《しき》

★象徴する図形≫

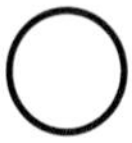

「1」の暗号

「一番、始まり、ひとつ」

「1」は、「1～9」の数字の先頭、始まり、スタートの数字です。「この世のすべての始まり」を表し、物事の方向性を指し示す数字です。唯一絶対の存在。命の根源。人間の意志力、行動力、ひとつの方向に向かって突き進む男性原理などを表します。

数字の特徴

色　：赤	性別：男性	気質：陽
役割：リーダー	思考：感情派	成長：子ども

★1の意味≫「1」は、「最初、スタート、始まり」を意味します。そこから「前進、発展、起点、トップ、一番」など、まさしく「はじめの一歩・最初のタネ」を表す数字です。また「物事をひとつにまとめて、集約・統合する」というリーダーシップを象徴します。同時に「向き」「矢印」「ベクトル」なども意味します。つまり、「ある一定方向に向かって、物事が始まる」という「GOサイン」が、「1」という数字の意味です。

★形の由来≫「1」の形は「矢印・ベクトル」を象徴します。「上向きの矢印」が「1」という数字の形の由来です。ですから、先っぽがカギ型になっていることが、ポイントです。ただの「縦棒」と「1」との違いは、先端が「矢印」になっているかどうかです。また「1」の形は「矢印」と同時に、「男性性器」「男根」「精子」なども象徴します。そこから「1」は、「男性原理」「男性そのもの」を象徴する数字として扱います。

★役割≫「方向性を決めて、スタートする」ことに、その役割があります。何をするにしても、もちろん、しない場合でも、「そうする（そうしない）」と「決める、決断する、選択する」という意志決定が一番大切で、その決断がないとあらゆることが始まりません。そして、思考の中で決断するだけでなく、決めた方向に対して、力強く一歩を踏《ふ》み出し、具体的かつ現実的な行動を起こすこと。それが「1」という数字がもつ役割です。

★慣用句・ことわざ≫一期《いちご》一会《いちえ》、一日千秋《いちにちせんしゅう》、一念発起《いちねんほっき》、一網打《いちもうだ》尽《じん》、一目瞭然《いちもくりょうぜん》、一蓮托生《いちれんたくしょう》、一石二鳥、一長一短

★象徴する図形≫

「2」の暗号

「受容、調和、バランス」

「2」は、二元論のもとになる数字。分割、受容、バランスなどの女性原理を意味します。「1」の意志を意識化することで、「2」が生まれ、分裂・増殖《ぞうしょく》が始まります。男と女、光と闇《やみ》、太陽と月、善と悪など相反する二極が生じることを象徴する数字です。

数字の特徴

色　：白	性別：女性	気質：陰
役割：サポーター	思考：理論派	成長：子ども

★2の意味≫「2」は相反する二極が生じることを意味します。男と女、光と闇、太陽と月、陰と陽、善と悪、戦争と平和、表と裏など、この世界はすべて、そうした異なるふたつの極のバランス、二元論で成り立っていることを意味するのが、「2」という数字です。「1」の真っすぐ突き進む男性原理に対して、異なる二極の間でバランスを整え、「受容、承認、調和、包み込み」などを表し、受動的な要素の強い女性原理を象徴します。

★形の由来≫「2」の形の由来は、「陰陽図」「対極図」と呼ばれる図形の、白と黒の領域を分ける真ん中の波線が、「2」の原形です。その形は上下動をくり返す「波」であり、「割《わ》れ目」や「裂《さ》け目」を象徴します。「1」が「男性性器」「男根」の象徴だったことに対して、「2」は「女性性器」「女陰」を暗示します。「1」の「精子」を受精《じゅせい》した「卵子」が、最初の細胞分裂を始めて、ふたつに分かれた時の形にも相当します。

★役割≫「2」の役割は、「つなぐこと」です。二極に分かれたものも、元はひとつであり、お互いを認め、受け入れ、つながること。相反するものを包み込み、受け入れる包容力。バトンをつなぐ橋渡し役を担うのが「2」の役割です。また異なる二極の間で、「どちらか一方」を選んで決めるのではなく、「どちらも……」という柔軟な姿勢を保ち、それぞれのバランスを整え、調整・統合していくことも「2」という数字の役割です。

★慣用句・ことわざ≫二番手、二枚舌、二の句が継《つ》げない、二律背反《にりつはいはん》、二の足を踏む、二度あることは三度ある、二兎《にと》追うものは一兎《いっと》をも得ず

★象徴する図形≫

「3」の暗号　「創造、笑い、子ども」

「3」は、新たなものを生み出すパワーを秘めた、創造活動を意味する数字。「三位《さんみ》一《いっ》体《たい》」など、調和と安定の中に変化の可能性を内包する数字です。プラスとマイナスの二極に加えて、「第三の力」が加わることで、新たな物質、現象が生み出されるのです。

数字の特徴

色　：黄	性別：男性	気質：陽
役割：ムードメーカー	思考：感情派	成長：子ども

★3の意味 ≫「1」は「男性・父親」、「2」は「女性・母親」。そのふたつが出会って、「3」の「子ども」が誕生します。つまり、「3」は「1」の推進力やパワー、「2」の調和・バランスの要素から生み出された、変化の可能性を内包した「創造力」や「新たなエネルギー」を象徴する数字です。樹木の成長に例えると、ちょうど双葉が出たような初々《ういうい》しい状態。「3」が組織、グループとしての最小単位であり、また時間という周期の中においても最小単位を表します。

★形の由来≫「3」という数字を右に90度、傾けてみてください。「卵が割れた形」に見えませんか？「0」は「宇宙」であり、「あの世」を表す数字ですが、それがふたつに割れて、生まれてきたものが「新たな生命」、つまり「赤ちゃん」「子ども」です。また「3」の形は「曲線だけで構成され、しかも片方にだけ開いた半円」です。その形から「一方向にしかエネルギーを注げない」「常に不安定で、コロコロ変わる」という意味ももちます。

★役割≫「3」の役割は、その存在感と躍動感《やくどうかん》です。「3」という数字がそこにあるだけで、ある種の期待感やワクワク感が生まれ、新しい流れや動き、リズムを生み出す可能性を秘めています。また「3」は「子ども」の数字ですから、ジッとしているのは苦手で、「笑い」や「リズム」など、人を楽しませる、エンタメ要素をもっています。昔から「子はかすがい」といいますから、相反するふたつの極を結びつけ、安定させる役割も担う数字です。

★慣用句・ことわざ≫三位一体、三種の神器、三国一、三日天下、御三家、石の上にも三年、三顧《さんこ》の礼、三度目の正直、三日坊主

★象徴する図形≫

「4」の暗号

「安定、継続、形成」

「4」は、「物質世界の誕生」を意味し、「固定」や「安定」を象徴する固い数字。東西南北の四方位、風・火・土・水の四元素、春夏秋冬の四季、喜怒哀楽の四感情、起承転結、生老病死など、現実世界を創り上げるための基礎を固め、物事の土台、礎《いしずえ》となる数字です。

数字の特徴

色　：青	性別：女性	気質：陰
役割：サポーター	思考：理論派	成長：青年

★**4の意味** ≫「4」は四方位や四元素、四季に象徴されるように、この現実世界を創るための土台、基礎となる数字です。四輪や四足、四角が最も安定するように、大地に根差してどっしり構える安定感を意味します。さらに「継続性《けいぞくせい》」や「固定、安定」「揺《ゆ》るぎない様子」「確固たる信念」「守られている安心感」などの意味もあります。「4」は物質世界そのものを表し、そこを守り、支配するという意味をもつ、固くて強い数字です。

★形の由来≫「4」の形は、「+」や「卍」「□」がベースになっています。1~9の数字の中で、「4つの頂点」をもっており、なおかつ「直線のみで閉ざされた空間」をもつのは、「4」だけ。さらに地図上で北を示す「方位マーク」も、数字の「4」の形に似ています。これも元は「+」が地図上で自分の位置を表す記号だったところから、自分の今いる位置から見た時の、「北」を指し示す「矢印」が、「4」の形になったといわれています。

★役割≫「4」の役割は、「土台づくり」。基礎を固めたり、礎を作ったり、扇《おうぎ》の要の役目を担う数字です。また「4」は、「固定・安定」を意味することから、「物事を安定させる」「キチンと形にする」「コツコツ継続していく」「実力を養う」という役割もあります。樹木の成長に例えると、雑草処理や土づくりの時期。成長を阻害する要因を取り除き、将来のためにコツコツ準備し、実力を養っていくことも、「4」の役割に他なりません。

★慣用句・ことわざ≫四天王、四《し》面《めん》楚《そ》歌《か》、四角四面、四苦八苦、四分五裂、四《し》海兄弟《かいけいてい》、四海を家となす

★象徴する図形≫

「5」の暗号

「自由、変化、つながり」

「5」は、「2」の女性性と「3」の男性性とが統合された「五体」「五本の指」「五感」「五《ご》臓《ぞう》」などに象徴される、人間そのものを表す数字。そこから人間の特性である、「自由」「変化」「行動力」「情報」「コミュニケーション」などを意味する、動きのある数字です。

数字の特徴

色　：緑	性別：男性	気質：陽
役割：ムードメーカー	思考：感情派	成長：青年

★**5の意味** »» 「五体」「五本指」「五感」「五臓」など、人間にまつわる数字には、「5」が多くみられます。そこから「5」は「人間そのもの」を意味する数字と見なし、「自由と変化」「情報やコミュニケーション」「知恵や直感力」などを意味します。樹木の成長に例えると、まさに成長と変化の時。さらに「コロコロ変わる」「揺れ動くバランス」「浮き沈みが激しく、変化が早い」など、自由かつ不安定な状態を表す数字でもあります。

★形の由来≫「2」は「陰陽図」「対極図」をもとに生まれた数字だといわれていますが、「5」の形はその対称形で、二極を統合する「波」の動きを表します。アルファベットの「S」の文字にも似た形は、「特別（Special）な存在」を暗示し、男性性と女性性の統合、光と闇の両面を併《あわ》せもつ、「人間そのもの」を表した形だといわれています。実際、人が両手、両足を広げた形は、「五芒星《ごぼうせい》」や「ヒトデ」の形、そっくりです。

★役割≫「5」を象徴する「五芒星」のマークは、古くから「魔除け」や「呪術的《じゅじゅつてき》要素」「霊力」の象徴であり、日本では平安時代の陰陽師《おんみょうじ》・安倍《あべの》晴明《せいめい》が使っていたことでも知られています。「人型」とも呼ばれる「五芒星」は、「人間」を表す記号として扱われ、「人間の代わり」として、各種の祈りや呪術に使われていました。つまり、「5」は人間のもつ特徴を、ポジ・ネガにかかわらず、大きく増幅・拡大する役割をもつ数字だといえます。

★慣用句・ことわざ≫五体満足、五臓六腑《ろっぷ》、五里《ごり》霧中《むちゅう》、五十歩百歩、三三五五《さんさんごご》、陰陽五行、一寸の虫にも五分の魂

★象徴する図形≫

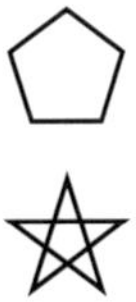

「6」の暗号

「愛、美、母性」

「6」は、お腹に新たな命を抱える「妊婦さん」を象徴。調和とバランス、美と創造を暗示する「愛」の数字。創造を意味する「3」の倍数であることから、「男と女」「精神と肉体」「物質と心」など、相反するふたつの「創造的エネルギーの完全な統合」を表します。

数字の特徴

色　：ピンク	性別：女性	気質：中庸
役割：リーダー	思考：感情派	成長：青年

★6の意味 »「妊婦さんの数字」ともいわれる「6」は、自分の中に、もうひとつ別の命、別の宇宙を宿すことによって、新たな命を創造するという高いエネルギーをもっている数字です。樹木の成長に例えると、まさに「花が咲く」タイミング。「6」は「3」の倍数でもあり、自分自身を分割して、「新しい花＝新たな命＝子ども＝3」を生み出すという意味をもちます。「6」の創造的な姿は真の美しさ、愛、調和、バランスなどを表します。

★形の由来≫「6」は、「お腹に赤ちゃんを抱えているお母さん」を表します。「0」は「宇宙、世界、命」を表す数字であり、その「命」の「0」を守るため、どっしりとした安定感をもち、さらに丸みのあるやさしい曲線が守るように、包み込んでいる形が「妊婦さん」の数字といわれるゆえんです。「6」を象徴する図形は、「六芒星《ろくぼうせい》」であり、「六角形」。これは「ダビテの星」「カゴメ紋」と呼ばれ、「カバラ」発祥のユダヤを象徴するマークです。

★役割≫上向きの三角形と下向きの三角形でバランスよく構成される「六芒星」が、「6」本来の役割を雄弁に語ってくれています。ポジティブにも、ネガティブにも偏《かたよ》り過ぎない、「真ん中、中庸、ニュートラル」なエネルギーをもつ数字で、「カバラ」の中でも「6」は真ん中に位置します。全体のバランスを整える役割があり、すべてのバランスが整った状態こそ、真の「美」と「愛・調和」を表す「6」本来の姿だといえるでしょう。

★慣用句・ことわざ≫六根清浄《ろっこんしょうじょう》、一の裏は六、三面六臂《さんめんろっぴ》、六十の手習い、朋友《ほうゆう》は六親《ろくしん》にかなう、三界《さんかい》に垣《かき》なし六道《ろくどう》に辺《ほとり》なし

★象徴する図形≫

「7」の暗号

「完成、自立、ひとり」

「7」は、ひとつの周期の終わりを示す「完成、完全調和」の数。「7」は古くから、洋の東西を問わず、「祝福・勝利」などを表すラッキー数として重用されていますが、その形は「斜めの矢印」を表し、独自のスタイルを貫く、こだわりの強い「頑固職人」を表します。

数字の特徴

色：紺	性別：男性	気質：陰
役割：サポーター	思考：理論派	成長：大人

★7の意味≫「ラッキー7」は洋の東西を問わず、「祝福、勝利」を表す数として知られていますが、本来の「7」は、単なるラッキー数ではありません。「斜めの矢印」に象徴される「7」は、人間を超えた存在とつながるための「アンテナを立てる」ことを意味します。樹木の成長に例えると、剪定《せんてい》の時期。自らに厳しい修行を課し、不要なモノを取り除き、独自のスタイルを確立して自立した先に真の幸運があることを意味します。

★形の由来≫「7」の形は、「斜めの矢印」を表します。同じ矢印を象徴する「1」や「4」との違いは明らかで、真っすぐ上を向かず、右斜め30度くらい傾いている矢印が、「7」という数字の原型になっています。この右斜め30度あたりに「新たな次元」への扉があるということを、「7」の形は教えてくれているのです。「七芒星《しちぼうせい》」が、「五芒星」や「六芒星」ほど、ポピュラーではないのは、その高過ぎる理想のためかもしれません。

★役割≫「7曜日」「虹の7色」「7音階」「7つのチャクラ」などに象徴される「7」は、物事の完結、ひとつの周期の終わりを表します。その役割は、物事を自らのチカラで完成させるため、周りとは違う、こだわりの強い、独自のスタイルを貫くことにあります。自力で新たな世界を切り拓くためには、孤立を恐れず、天邪鬼《あまのじゃく》なオリジナルの生き方を貫くことが「7」の役割であり、その先に「祝福、勝利」が待っているのです。

★慣用句・ことわざ≫ラッキー7、七転八倒、七転び八起き、なくて七癖、親の七光り、百歳の童《わらべ》七歳の翁《おきな》、色の白いは七難隠す

★象徴する図形≫

「8」の暗号

「情熱、無限大、豊かさ」

「8」は、物質と精神、目に見える世界と見えない世界など、ふたつの世界の「統合」「均衡《きんこう》」「循環」「バランス」を表す数字。「8」の形は、「無限大（∞）」のマークに通じ、「繁栄」「栄光」「富」「豊かさ」など、限りなく増幅する巨大なパワーの象徴です。

数字の特徴

色：オレンジ	性別：女性	気質：陽
役割：ムードメーカー	思考：感情派	成長：大人

★8の意味≫「8」は、「無限大（∞）」のマークに通じ、「繁栄」「栄光」「豊かさ」など、限りなく増幅する巨大なパワーを意味します。東洋では漢数字の「八」の形から、末広がりの縁起の良い数とされています。また「四方八方」「八方ふさがり」「八方美人」などの慣用句に見られるように、「あらゆる方向」「すべての側面」などを意味し、「八島」「八雲」「八百万《やおよろず》」「八千代」などには「たくさん」「すべて」「永遠」という意味もあります。

★形の由来≫「8」の形は、「無限大（∞）」のマークからきているといわれています。「ふたつの〇」は、それぞれ異なる「ふたつの世界」「二極」を表し、それが統合・循環することによって、さらに巨大なパワーが生み出されると読み解けます。また「8」は「4」の倍数であり、「基礎・土台」を表す四角をふたつ、重ね合わせた形がシンボルとなるため、「宝石」を連想させ、現実的なパワーをもつ、物質的な富や豊かさも象徴します。

★役割≫「8」の役割は、「現実的なエネルギーを増幅・拡大させること」。物質的なパワーやエネルギーを増幅・拡大させることが「8」という数字の役割です。樹木の成長に例えると、まさに実がなる時。収穫の時期を表します。またメビウスの輪のようにつながった「ふたつの〇」をもつ「8」は、あの世とこの世など、ふたつの世界を統合し、バランスを整えながらつなぎ、循環していく役割も担っています。

★慣用句・ことわざ≫八方美人、八方ふさがり、八つ当たり、八面六臂《はちめんろっぴ》、口八丁《くちはっちょう》手《て》八丁《はっちょう》、腹八分、八百万、八千代、一か八《ばち》か

★象徴する図形≫

「9」の暗号

「完結、知恵、手放し」

「9」は、最後に位置する、「終わり・アンカー」の数字です。この世とあの世を含めた宇宙全体の循環を表し、「知恵」や「真理」を象徴します。数字循環の基本となる「9周期」を表し、「1〜8」の他のすべての数字の要素を内在する「完結・完了・調和・まとめ」の数字です。

数字の特徴

色　：紫	性別：男性	気質：陰
役割：リーダー	思考：理論派	成長：大人

★9の意味≫「1と8」「2と7」「3と6」「4と5」を足し合わせるとどれも「9」になるように、すべての数字の要素を含んだ「完結・完了・調和」の数字です。単数で「9」以上の数字はないため、「最後・すべて・まとめ」などの意味をもちます。また「9」は「知恵」の象徴でもあり、そこから「真理」「神秘能力」「宇宙意識」なども暗示し、あらゆるものを統合し、リセットする力をもつ「偉大なる賢者」の数字として扱います。

★形の由来≫「9」の形は、「頭でっかちの知恵者」であり、「足元がおぼつかない老人、賢者」を象徴します。上部の「○」は「ひとつの宇宙・世界」であり、その中に知恵がたくさん詰まっていることを表します。頭に詰まった知恵や経験を土に還す（＝社会に還元する）ことによって、新たな命・時代への橋渡しをするのが、「9」のお役目。また「6」と「9」が合体すると陰陽図になり、「妊婦」と「老人」で命の営みが完結します。

★役割≫「9」の役割は、「全体をまとめるアンカー役」であり、「次の新しい世界へとバトンをつなぐために、自らは犠牲《ぎせい》になり、サポート役に回ること」にあります。そのため、「9」には、隣に並ぶ数字を強調、サポートするという役割があります。樹木の成長に例えると、まさに土に還す時。これまで培ってきたたくさんの知恵、経験を使って全体をまとめ、世の中に奉仕・貢献していくという献身的な働きをもつ数字です。

★慣用句・ことわざ≫九分九厘《くぶくりん》、三三九度《さんさんくど》、三拝九拝《さんぱいきゅうはい》、九死に一生を得る、九牛《きゅうぎゅう》の一毛《いちもう》

★象徴する図形≫

「９ＢＯＸ」で読み解く、数字がもつ４つの「性質（気質・役割・思考・成長）」

「カバラ数秘術」の基本となる概念を表した「生命の樹（セフィロト）」（図１）。この数字の配置を元に、個々の数字がもつ性質を、ひと目でわかるように分類したものが、「９《ナイン》ＢＯＸ」（図２）です。これは１〜９のそれぞれの数字がもつ特徴や性質を、すべての人間がもつ「４つの側面（気質・役割・思考・成長）」に当てはめて分類し、同じ性質をもつ数字をグルーピングするために、私がオリジナルで作った「数字のマトリックス」です。「９ＢＯＸ」の縦軸は「成長サイクル」を表し、横軸が「数字の陰陽」を表します。

この「９ＢＯＸ」に当てはめて、まず数字がもつ「気質」（37ページ・図３）をみてみると、「３・５・８」のラインが「陽の数字」。「２・４・７」のラインが「陰の数字」のグループとなります。さらに「１」は「陽」に、「９」は「陰」に入り、「中庸」は、「９ＢＯＸ」のど真ん中に位置する「６」だけと見なします。つまり、「１・３・５・８」の４つが「陽」の数字、「２・４・７・９」の４つが「陰」の数字、そして「陰陽」どちらにも属さない「６」は「中庸」の数字となり、３つの「気質」に分類されます。

［図1］

「生命の樹」
（セフィロト）

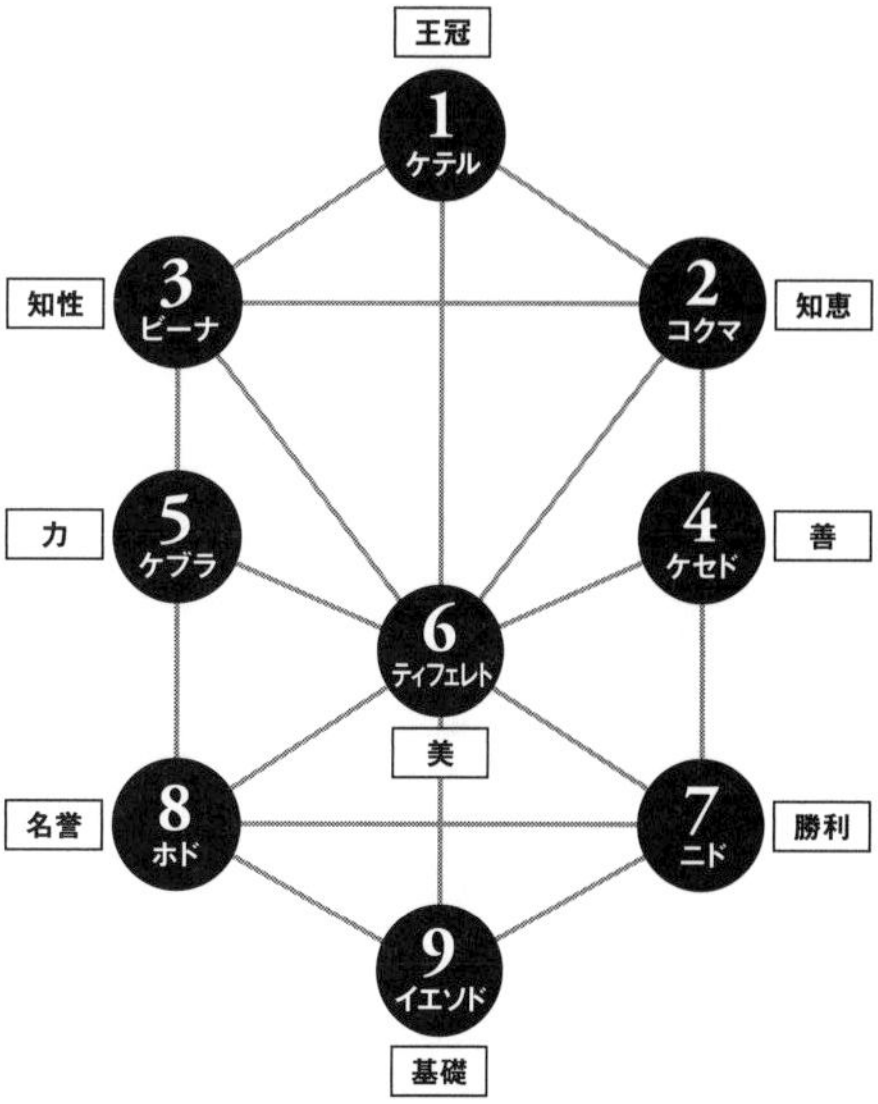

［図2］

9BOX

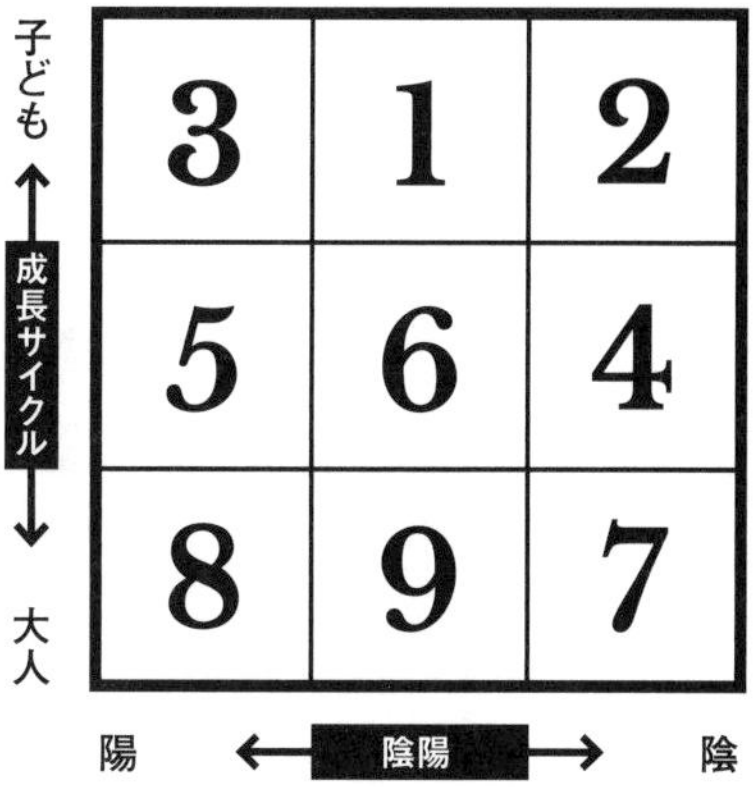

「役割」（図4）は、数字が担う「役割」を3分類で表したもの。「3・5・8」の「陽」のグループの数字は、活動的なエネルギーに溢《あふ》れるポジティブな「役割」を担い、組織の中では攻めを担当する「営業タイプ」。「1・6・9」の「中庸」グループの数字は、全体をまとめ、統括《とうかつ》していくリーダーの「役割」を担い、組織の中では「管理職タイプ」。また「2・4・7」の「陰」のグループの数字は、陰に回ってサポートする「役割」を担い、組織の中では守りを担当する事務や管理などの「後方支援タイプ」となります。

「思考パターン」（39ページ・図5）は、理屈より感情を重視する「感情派」が、「1・3・5・6・8」の5つの数字。感情より理屈、理論でキチンと理解、納得したい「理論派」が、「2・4・7・9」の4つの数字。さらに感情でも、理論でもなく、直感やヒラメキをベースに物事を考え、判断していくのが、後で詳しく説明する「11・22・33」の「マスターナンバー」をもつ「直感派」という、3つに分類されます。

「成長サイクル」（39ページ・図6）は横並びのラインで判断し、「1・2・3」の横軸上段が若くて元気のいい、創造力溢れる「子ども」のグループ。次の横軸中段の「4・5・6」は「子ども」と「大人」の間をつなぐ、調整・展開型の「青年」のグループ。そして、

［図3］

気質　数字に備わっている「陰陽」の波動で３つに分類

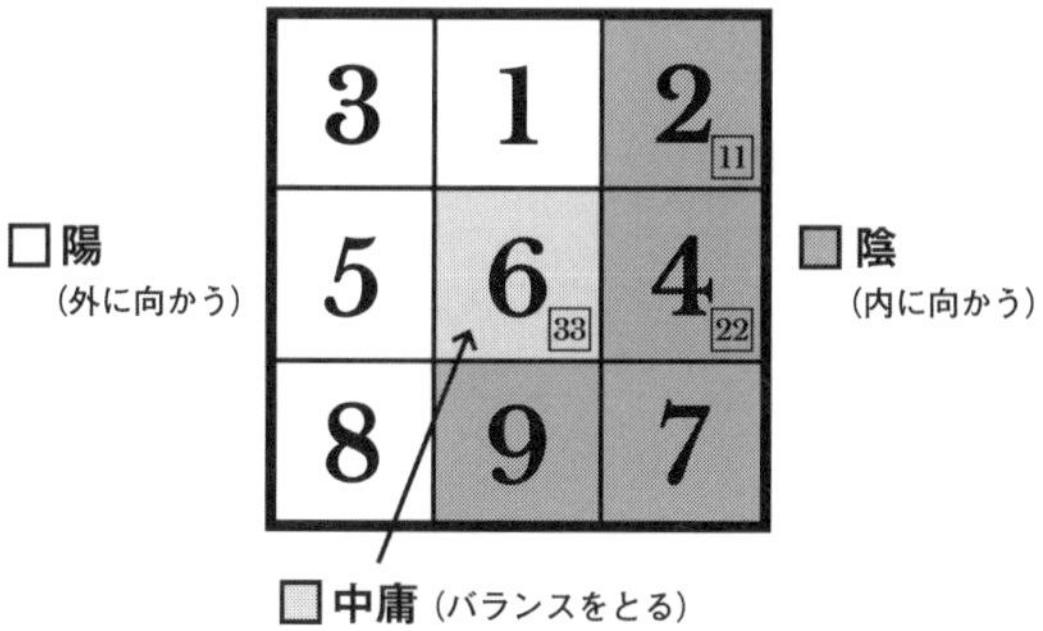

［図4］

役割　組織の中で発揮する「役割」を３つに分類

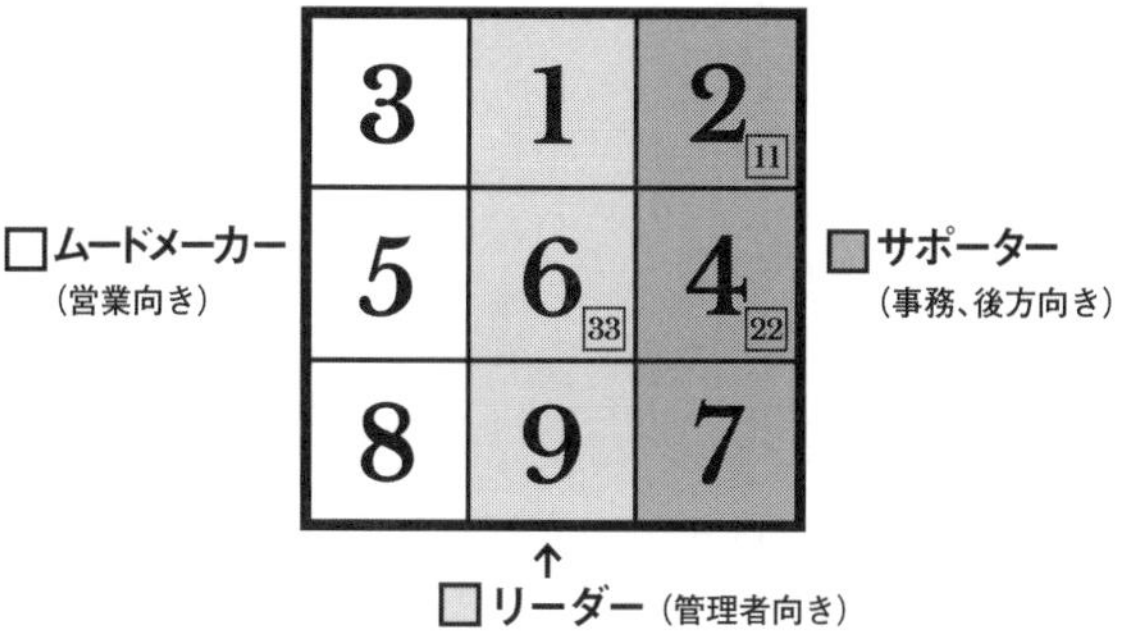

横軸下段の「７・８・９」は、分別のある成熟した「大人」のグループと、成長段階に応じて３つに分類されます。

この「９ＢＯＸ」を活用して、「気質」「役割」「思考」「成長」などを重ね合わせてみることで、それぞれの数字がもつ性質をひと目で理解することが可能になります。

また「数字」には「性別」もあります。「ふたつに割れ切れる偶数」が「女性」を表し、「割り切れず、出っ張ってしまう奇数」が「男性」を表します。「偶数」は、より調和的で安定的な女性性を表し、「奇数」は、より創造的で活動的な男性性を表します。

つまり、「１」なら、「気質＝陽」「役割＝リーダー」「思考＝感情派」「成長＝子ども」という性質をもつ「男性」的な数字だということが、この「９ＢＯＸ」を通して、ひと目で理解できるようになるのです。

あなたの身の回りにある数字も、この「９ＢＯＸ」に当てはめて、分類してみることによって、きっと何らかの傾向に気づけるハズ。そうした数字の特徴や傾向を知ることこそ、数字からのメッセージを読み取ることに他なりません。

[図5]

思考 考え方のクセや判断基準を「思考」パターン別に、
3つに分類

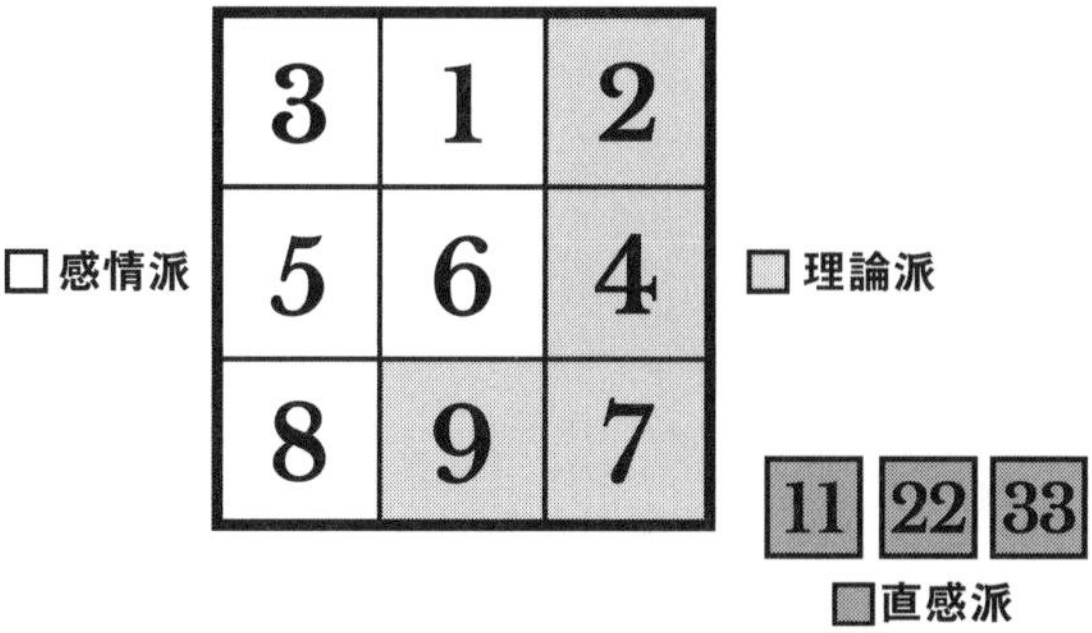

[図6]

成長 「成長」サイクルの過程や成長度合いで、
3段階に分類

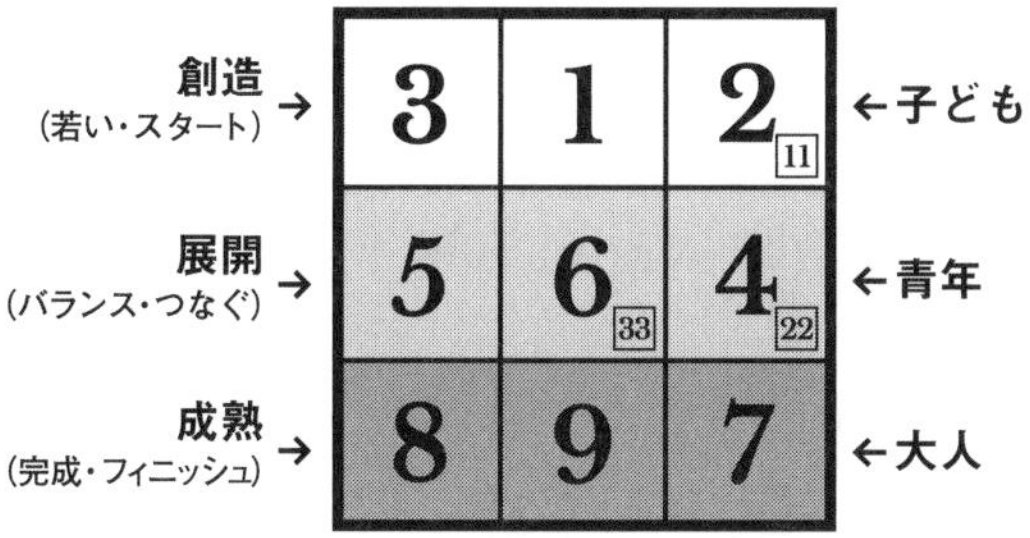

身の回りの「数字の暗号」を読み解く絶対法則

ここまで見てきた通り、あなたの身の回りにある数字、縁のある数字は、すべて何らかのメッセージを携えており、「偶然」や「たまたま」などはありません。しかし、携帯電話番号など、桁数《けたすう》の大きな数字が象徴している意味を知るためには、どうすれば良いのでしょうか？　実は、桁数の大きな数字に使われているすべての数字を単数で足し算し、1桁になるまで足し合わせて出た答えを、桁数の大きな数字が象徴する数字と見なします。

なぜなら、桁数の大きな数字の要素をどんなふうに並べ替えても、その数字の要素を足し合わせていくと、すべて同じ答えが導き出される「合計数同一の法則」というものがあるからです。この「合計数同一の法則」さえ覚えておけば、どんなに大きな桁数の数字でも、足し算するだけで、その大きな桁数の数字を象徴する「数」が導き出されるので、安心です。

[合計数同一の法則 計算例]

「大きな桁数の数字」＝ **例** 2016年12月31日の場合

2 + 0 + 1 + 6 + 1 + 2 + 3 + 1 = 16 = 1 + 6 = 7

2016 + 1231 = 3247 = 3 + 2 + 4 + 7 = 16 = 1 + 6 = 7

20161 + 231 = 20392 = 2 + 0 + 3 + 9 + 2 = 16 = 1 + 6 = 7

111 + 220 + 36 = 367 = 3 + 6 + 7 = 16 = 1 + 6 = 7

この場合、答えはすべて「**7**」で、2016年12月31日を象徴する数字は「**7**」となる

「本当の自分」を表す4つのPN（パーソナルナンバー）の意味と計算方法

「はづき数秘術」では、個々の生年月日から算出される以下の「4つの数字」を、それぞれの「人生を象徴・支配する数字」（パーソナルナンバー＝PN）として扱い、それぞれの数字からその人の本質や「人生のシナリオ」を解読していきます。

【宿命数】 生まれた時から宿っている基本的性格や個性、特徴を表す数字
主に過去生から引き継いできた、もって生まれた才能、長所、得意分野などを象徴する。

【運命数】 運命を左右する、人生の核となる重要な数字
今生での性質、価値観、考え方など、基本的な人格やパーソナリティ、運気を司る。

【使命数】 今生で抱える人生のテーマ、目標、課題、苦手分野を表す数字
今生でのチャレンジ目標、苦手分野、克服すべき人生テーマなどを象徴する。

【天命数】 人生全体を陰から支え、使命達成に影響を与える裏の数字
人生の後半、特に使命を果たすためにカギとなる、天から与えられる陰のキーナンバー。

計算例 1986年10月28日生まれの人の場合

[宿命数の計算方法]

1986年10月**28**日生まれの人の場合

2 + 8 = 10 ……Ⓐ

Ⓐで得られた2桁の数字（この場合**10**）をさらに1桁ずつ足す

1 + 0 = 1

これが（この場合**1**）あなたの「**宿命数**」です。

＊「11日生まれ」「29日生まれ」の場合は、**11**があなたの宿命数となります。

[運命数の計算方法]

1986年**10**月**28**日生まれの人の場合

1+9+8+6+1+0+2+8 = 35 ……Ⓐ

Ⓐで得られた2桁の数字（この場合**35**）をさらに1桁ずつ足す

3 + 5 = 8 ……Ⓑ

これが（この場合**8**）あなたの「**運命数**」です。

＊ⒶもしくはⒷが**11・22・33**になった場合は、その数字があなたの運命数となります。

計算例 **1986年10月28日生まれの人の場合**

[使命数の計算方法]

1986年10月28日生まれの人の場合

1 + 0 + 2 + 8 = 11 …… A

これが（この場合**11**）あなたの「**使命数**」です。

＊本来は、Aが２桁の数字になっている場合は、１桁ずつ足して「1+1=2」とするのですが、**11**は「マスターナンバー」なので、そのまま採用します。

＊Aが**11**になった場合は、**11**があなたの使命数となります。

[天命数の計算方法]

宿命数 1 + 運命数 8 + 使命数 11

1 + 8 + 1 + 1 = 11 …… A

Aで得られた２桁の数字をさらに１桁ずつ足す

1 + 1 = 2 …… B

これが（この場合**2**）あなたの「**天命数**」です。

＊天命数は、**11・22**という２桁のゾロ目の数字は採用せず、すべて１桁になるまで足し合わせます。

4つの数字の関係性

「宿命数」「運命数」「使命数」「天命数」の4つの数字の関係性を、「人生の山」に例えて絵で表すと、以下のようになります。生きていくということは、人生という山登り。小さなピースをコツコツ積み上げ、山を完成させていくようなもの。

まず28歳〜ぐらいまでの若い時期は、ほぼ「宿命数」のみを使って生きています。それ以降、55歳〜くらいまでの間に「運命数」の才能が使えるようになり、さらに年齢を重ねていくことで、「使命数」や「天命数」まで活用できるようになってきて、人生という山が完成し、今生の山の頂に到達できるという仕組み、構造になっていると理解しましょう。

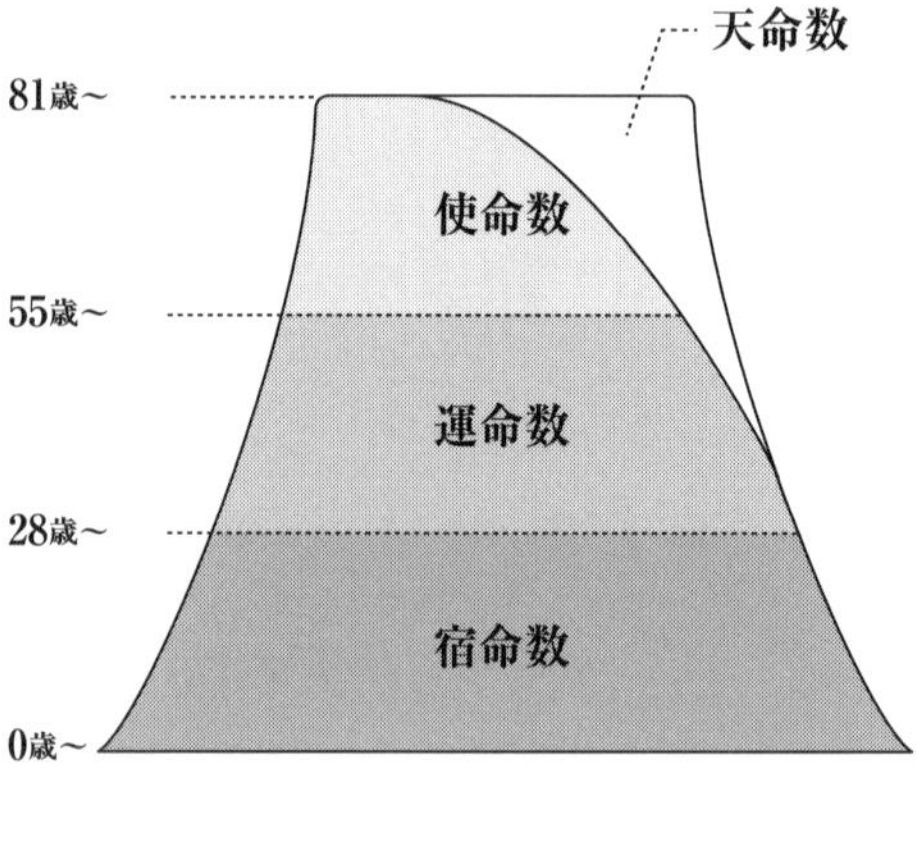

第１章

あなたの過去・
得意分野を表す
宿命数

「宿命数」とは……?

「はづき数秘術」において、人生の基礎・土台を表す重要な数字。「生まれた日」を元に、10グループ、31パターンに分類されます。「宿命数」が表すのは、その人が過去の人生（いわゆる前世とか過去生とか呼ばれるもの）から引き継いでいる内的本質です。生まれながらに身につけている「魂のクセ」のようなものであり、あなたの命に宿る基本データ。この世に生まれてくる前に、自らの意志で選び取った「個性」を表します。

また「宿命数」は過去生での経験が豊富で、経験値が高い特徴を表すため、今生では生まれながらの性質や特徴、長所・得意分野を表します。特に子どもの頃は、「宿命数」が表すポジティブな特徴が出やすく、28歳〜ぐらいまでは「宿命数」の才能に頼って生きているケースも多いでしょう。また「宿命数」は努力なしにできる、自らのセールスポイントを表すため、自分では長所や得意分野だと思っていないケースもありますが、恋愛や人間関係においては、無意識に「宿命数」の特徴が出やすくなる傾向があります。「宿命数」の特徴は生涯《しょうがい》、なくなりませんが、「宿命数」だけに頼っていると、今生の運命・使命・天命を生きる弊害《へいがい》になることもあるので、注意しましょう。

「宿命数」とその他の数字との関係性

「宿命数」とは文字通り、生まれながらにその人の命に宿っている長所・特徴・得意分野を表します。誰もが生まれながらもっている「武器」であり、その「武器」を使って、人生というゲームを攻略しようとするワケです。ですから、「宿命数」が表す性質は、誰の中にも必ずあります。人を観る時は、この「宿命数」をベースに判断すると、まず間違いありません。しかし、必ずある長所といえど、すべての人が「宿命数」をポジティブに使いこなせているワケではありません。あくまで私の経験則から出た感覚ですが、「宿命数」をポジティブに使いこなしているのは、せいぜい１／２。全体の半分ぐらいでしょう。

　この「宿命数」の「武器」を土台に、二番目の「武器」である「運命数」の特徴を使っていくのですが、こちらもポジティブに使いこなせているのは、１／５程度でしょう。その先にある「使命数」となると、さらに難易度が上がり、１／10程度。つまり、「宿命数」１／２×「運命数」１／５×「使命数」１／10＝１／１００。「宿命数」「運命数」の才能を活かし、「使命数」に到達して、３つの数字を活かし切れるのは１００人に１人という「狭き門」だといえるでしょう。

31日の「宿命数」は、1～9・11の10グループに分類される！

31日のグループ分けのやり方は簡単！

どんなに大きな桁数の数字であっても、その構成要素の数字をひとつずつ単数で足し合わせて、1桁になるまで足し算をすれば、必ず1～9のどれかのグループに分類されます。ただし、2桁のゾロ目となる11日と29日は2グループの中でも、「マスターナンバー」として特別に扱い、11グループと見なします。

あなたが何日生まれであっても、この法則は同じように適用されます。つまり、あなたも自分の「生まれた日」によって、1～9・11のどれかのグループに属することになるのです。

まず自分がどの「宿命数」グループに属するのか、そしてそのグループがどんな特徴や傾向をもっているのかを知ることが大切です。

1～9・11の10種類の「宿命数」グループ分類にこそ、あなたの長所、才能を表す「宿命」を活かすためのヒントが隠れているのです！

宿命数

1 グループ

みんなの中心！ リーダー グループ

「1」は、「最初、一番、始まり」「矢印、ベクトル」を表す数字。あなたは「トップ・一番・オリジナル」にこだわり、自分の意志や意見、目標やビジョンをはっきりもって突き進む、生まれながらの「リーダー」タイプです。どこにいても目立つ、大きなオーラの持ち主で、負けず嫌い。前世においても間違いなく、リーダーとして多くの人々の先頭に立ち、グループをまとめ、組織を引っ張ってきた経験があります。大舞台や本番に強く、注目されればされるほど、実力を発揮できるスケールの大きさは、まさに大将の器です。

1日生まれ	単純明快、猪突猛進の「わが道を行くリーダー」
10日生まれ	人を惹きつける魅力がある「スケールの大きなリーダー」
19日生まれ	全体を俯瞰して見られる「完璧主義タイプのリーダー」
28日生まれ	義理人情に篤く、世話好きの「気前がいいリーダー」

宿命数

2/11 グループ

陰からソッと支える サポーター グループ

「2」は、女性性を象徴する「調和・統合・受容」の数字。あなたは自ら先頭に立って突き進むのではなく、陰に回って周りのお世話をしたり、アドバイスやプロデュースをする方を好む、根っからの「サポーター」タイプ。相手の感情や周りの空気を察し、柔軟に変化できる、しなやかさと協調性をもっています。誰に対しても人当たりがよく、親切でやさしい、愛されキャラ。前世においても、リーダーを支える参謀役として、特に直感やヒラメキなど、スピリチュアルな才能を発揮して活躍していた「癒し系」タイプです。

2日生まれ	元祖、癒し系の「奥ゆかしいサポーター」	2グループ
11日生まれ	直感・ヒラメキ重視の「不思議系サポーター」	11グループ
20日生まれ	人々のご縁をつなぐ「面倒見のいいサポーター」	2グループ
29日生まれ	ここぞという時には「頼りになるサポーター」	11グループ

宿命数

3 グループ

無邪気で好奇心旺盛な 子ども グループ

卵が割れた形を象徴する「3」は、「子ども」の数字。あなたはいくつになっても、瑞々しい感性と素直な好奇心を失わない「永遠の少年・少女」タイプ。ジッとしていることは苦手で、常に笑顔で元気に飛び回り、周りを明るくするムードメーカー。創造力のかたまりで、人をアッと驚かせる奇抜で斬新なアイディアや発想はピカイチ。前世では、「遊び」が仕事になっていたタイプ。歌や踊り、芝居やスポーツ、絵画や彫刻、冒険や発明などの分野の才能が認められ、自由奔放な生き方を貫いていた、まさに「無邪気な子ども」タイプです。

3日生まれ	いくつになっても変わらない「天真爛漫な子ども」
12日生まれ	パワフルで勢いがある「負けず嫌いな子ども」
21日生まれ	ちょっぴりシャイで可愛らしい「照れ屋の子ども」
30日生まれ	隠し事ができない、素直で「自由奔放な子ども」

宿命数

4 グループ

真面目で誠実な 堅実家 グループ

「4」は、「安定・固定・基礎・土台」を意味する、固い数字。あなたはキチンと地に足をつけて、現実的に努力を積み重ねられる「堅実家」タイプです。派手さはないものの、決められたルールや約束事はキチンと守り、誠実で真面目な人柄は、周りからの信頼もバツグンです。公務員や弁護士、税理士など、資格が必要な「守る」仕事が向いています。前世では、ピラミッドやお城など、大きな建造物の建築に関わっていた経験があるかも。コツコツと努力を続けて、目に見える形にしていくのが得意な「いい人」タイプです。

4日生まれ	安定感はバツグン！「しっかり者の堅実家」
13日生まれ	自らの信念を貫く「正義の味方の堅実家」
22日生まれ	世界的に活躍できる「カリスマ性がある堅実家」
31日生まれ	人当たりがよく「いつもニコニコしている堅実家」

宿命数

5 グループ

行動力バツグンの 自由人 グループ

「5」は、五体、五感、五臓など、人間そのものを表し、「自由・変化・情報・コミュニケーション」を意味します。あなたはフットワークが軽く、ジッとしているのは苦手。「即断・即決・即行動」できる、変化を好む「自由人」タイプ。コミュニケーション能力に優れ、誰とでもすぐに仲良くなれるので、環境適応能力バツグンの人気者です。前世では、旅人、冒険家、流浪の民など、定住地をもたずに暮らしていた記憶があるため、今生でも旅行好きで、自由気ままに引越しや転職をくり返す「ノマド（遊牧民）」タイプです。

5日生まれ	ジッとしていられない「フットワークの軽い自由人」
14日生まれ	思い込んだら一直線の「守りが固い自由人」
23日生まれ	柔軟でしなやかな「バランス感覚のいい自由人」

宿命数

6 グループ

弱者の味方！ 面倒見のいい 先生 グループ

「6」は、お腹に新たな命を抱えて守る「妊婦」を表し、「美と愛」を象徴する、やさしい数字。あなたは弱い者の面倒を見てあげたり、困っている人を助けてあげたい、心やさしい「先生・教師」タイプです。情に篤く、涙もろく、不正や不公平を黙って見過ごすことはできない正義感の強さも特徴です。美しいものを見極める審美眼に優れ、身近な人に愛を分け与えてあげたいと願う奉仕精神も旺盛なタイプです。前世では間違いなく、先生・教師役を担っていたハズ。食べることが好きで、おもてなし好きな「お人好し」タイプです。

6日生まれ	涙もろく、人情に篤い「感激屋の先生」
15日生まれ	情熱とバイタリティに溢れた「行動力のある先生」
24日生まれ	ロマンチストで「協調性に優れた先生」

宿命数

7 グループ

自らのスタイルにこだわる 職人 グループ

「7」は、「斜めの矢印」を表す、「完成、自立、職人」の数字。自分のスタイルを貫き通す、こだわりの強い、クールで大人な「頑固職人」タイプです。常に完璧を求め、自分のスタイルをストイックに貫き通す、完璧主義者タイプでもあります。興味のある分野には妥協せず、徹底的に探求していく凝り性なところも。前世は、一人で修行に明け暮れていた求道者であったり、独自の技術を磨き続けた職人としての記憶があるハズ。今生でも、好きな分野を見つけると、のめり込むようにハマる「マニアック」なタイプです。

7日生まれ	自らのスタイルを貫き通す「頑固な職人」
16日生まれ	頼まれ事にはNOといえない「お人好しの職人」
25日生まれ	繊細な感性とハートをもつ「芸術家肌の職人」

宿命数

8 グループ

常にチャレンジ！ 熱血 ファイター グループ

「8」は、「無限大」のマークを象徴する「富・繁栄・豊かさ」の数字。あなたは生まれながらに、明るく華やかなオーラを身につけた情熱的な「ファイター」タイプ。みんなと一緒に困難に挑戦するのが好きな、体育会系の頑張り屋さん。ビジネスセンスもバツグンで、常に忙しく動き回っている、パワフルなタイプです。前世では王族や貴族、大富豪や豪商など、ゴージャス&リッチなセレブ階級を経験していたハズ。豊かさオーラを身にまとい、周りを巻き込む力はピカイチ。常に新たな挑戦を続ける「チャレンジャー」タイプです。

8日生まれ	あれこれと手を出す「情熱的なファイター」
17日生まれ	誇り高き信念を貫く「意志の強いファイター」
26日生まれ	家族や友だち想いの「心やさしいファイター」

宿命数

9 グループ

常に周りの空気を読む 優等生 グループ

「9」は、「まとめ・完結・知恵・アンカー」を表す、大人の数字。あなたは常に周りの空気を読みながら、なんでもソツなくこなす「優等生」タイプです。知識欲が旺盛で、理知的で勉強好き。全体の意見をまとめながら人の役に立つことを進んで行う、奉仕精神に溢れた「賢者・メンター」です。前世では、世界平和の実現を目指して努力した政治家や学者、医師など、インテリタイプを経験してきたハズ。今生でも、自分のことより周りの幸せを優先し、環境問題やボランティア活動にも惹かれる「平和主義者」タイプです。

9日生まれ	世のため、人のために尽くす「大志を抱く優等生」
18日生まれ	周りから頼りにされる「気さくな優等生」
27日生まれ	陰の努力を惜しまない「気高い優等生」

宿命数カレンダー

性質＼グループ	1 リーダー	2/11 サポーター	3 子ども	4 堅実家	5 自由人	6 先生	7 職人	8 ファイター	9 優等生
	→	→	子ども	→	→	青年	→	→	大人
1〜9のひとケタの数字　数字のもつ特徴がストレートに表れる	1 わが道を行く	2 奥ゆかしい	3 天真爛漫	4 しっかり者	5 フットワークが軽い	6 感激屋	7 頑固	8 情熱的	9 大志を抱く
主に10台　数字のもつ特徴に男性っぽさが強調される	10 スケールが大きい	11 不思議系	12 負けず嫌い	13 正義の味方	14 守りが固い	15 行動力のある	16 お人好し	17 意志の強い	18 気さく
主に20台　数字のもつ特徴に女性っぽさが強調される	19 完璧主義	20 面倒見のいい	21 照れ屋	22 カリスマ性がある	23 バランス感覚のいい	24 協調性がある	25 芸術家肌	26 心やさしい	27 気高い
主に30台　数字のもつ特徴に子どもっぽさが強調される	28 気前がいい	29 頼りになる	30 自由奔放	31 いつもニコニコ					

1日生まれ ≫ 1 グループ

単純明快、猪突猛進《ちょとつもうしん》、絶対一番
わが道を行く「リーダー中のリーダー」

★生まれもった宿命≫意識する、しないにかかわらず、生まれながらにトップ、リーダー、指導者としての大きな器をもつあなたは、まさにリーダーになるために生まれてきたような人。みんなの先頭に立って脇目《わきめ》もふらず、目標に向かって矢印のように、真っすぐ突き進んでいくパワーを生まれながらに宿しています。新しいこと、未知のことに挑戦するチャレンジ精神も旺盛《おうせい》。ここぞという時の、瞬発力や行動力はピカイチ。自らの責任の元、自分の手で人生を切り拓いていくだけの決断力と実行力を兼ね備えています。

明るく元気で、裏表のないサッパリとした性格は、みんなの人気者。ウソをついてもすぐ顔に出るため、隠し事はできません。大勢の中にいても、ひと際、目立つ存在として、常に主役のオーラを放っています。宿命を受け入れて、自らの人生に強いリーダーシップを発揮する時、その生き方が周りに希望と元気を与える、憧《あこが》れの存在となるでしょう。

★宿命にみる仕事・金運・恋愛≫リーダーとしての特徴が、最もストレートに出るのが仕事の分野。女性でも生涯にわたって仕事を続ける傾向があるため、組織の中で働くより、一国一城の主として、独立起業した方が成功しやすいタイプです。目立つことが好きで、人気運もバッチリ。自らの実力だけで、短期間に大金を稼ぎ出す金運の持ち主です。

恋愛においても、小細工なしのストレート勝負。好きになったら、押しの一手で攻め続け、意中の相手をモノにします。結婚すれば、典型的な「亭主関白」「カカア天下」になるタイプ。家族を守る責任感の強さと面倒見の良さも、あなたの大事な長所です。

★前世のカルマ ≫ 自分では至って普通にしているつもりでも、周りから「エラソー」「上から目線」と言われてしまうのは、前世からのカルマの影響かも。生まれつき、理想もプライドも高く、声も態度も大きいハズ。自分の中の正しさが強いため、他人に頭ごなしに命令し、煙たがられることも。リーダー気質の宿命がマイナスに働くと、お山の大将のごとく、身近な人を力づくで支配する暴君《ぼうくん》に変貌《へんぼう》する可能性があるので、要注意。

★あなたの前世・過去生 ≫「大航海時代の冒険家」

過去生で王様、貴族、殿様、領主、組長など、男性リーダーを数多く経験してきたハズ。特に前世は未知なる新大陸を発見すべく、新たな冒険の航海へと旅立つのでした。

2日生まれ ≫ 2/11グループ

生まれながらに、やさしく女性的元祖、癒《いや》し系の「奥ゆかしいサポーター」

★生まれもった宿命 ≫「リーダーを陰から支えるサポーター」という宿命を生まれながらに背負っています。2日生まれのあなたは、前世は女性だったケースが圧倒的に多く、今生でも男女を問わず、受け身で、受容的な女性的資質や特徴をもっています。バランス感覚に優れた温和で誠実な人柄。争いを好まず、穏やかでやさしく、おっとりとした性格で目立つことは好まず、主役にいるより脇役に回った方が落ち着き、イキイキします。

　誰に対しても親切で奉仕的。周りの空気に敏感に反応し、場の雰囲気を和やかにする、「癒《いや》し系の愛されキャラ」です。柔和で誰とでもすぐに仲良くなれますが、常に控えめで奥ゆかしく、決して出しゃばることはなく、謙虚《けんきょ》で献身的。よく気が利き、相手の要望を先回りして用意するなど、臨機応変な対応力もあるので、周囲からの信頼感や好感度はバツグン。特に身近な年長者から可愛《かわい》がられるのも、あなたの宿命がなせるワザです。

★宿命にみる仕事・金運・恋愛 ≫尊敬できるリーダーとの出会いが、仕事運を大きく左右します。リーダーを支える参謀《さんぼう》、秘書役。人の才能を発掘するプロデューサー役などが適任です。奉仕精神を活かした医療、福祉関係、教職やサービス業も向いています。

恋愛はやや奥手で、典型的な「待つ」タイプ。望まれて結婚した方が幸せになれるでしょう。家庭に入れば、家族を大事にし、女性なら内助の功を発揮する「良妻賢母」。男性なら理想的な「育メン」タイプ。金銭感覚は堅実で、やりくり上手。金銭欲はないのに、後半生では不動産関係の遺産が入り、思わぬ大金を手にする可能性もあります。

★前世のカルマ ≫ 争い事を嫌うあまり、常に他人の顔色をうかがって、自ら決断したり、意見を主張したりするのが苦手。クヨクヨと悩んだり、優柔不断に陥《おちい》りがち。自分の気持ちにフタをして、ガマンすることが当たり前になっているとしたら、それは前世からのカルマの影響かも。強い人の意見に流されやすく、特定の人やモノに依存する傾向も。やさしさと意志の弱さは紙一重。時には、きっぱりと断る勇気も必要です。

★あなたの前世・過去生 ≫「古代エジプトのファラオを支える第二夫人」

秘書、執事《しつじ》、乳母、女房、後見人役、番頭、参謀役など、リーダーを支えてきたサポーター。特に前世はファラオを支える第二夫人として、多くの従者からも慕《した》われていました。

3日生まれ ≫ 3グループ

いくつになっても年をとらない人懐《ひとなつ》っこい「天真爛漫《てんしんらんまん》な子ども」

★生まれもった宿命 ≫ とにかく明るく素直。人を楽しませることが大好きで、常に誰かにサプライズを仕掛けようと考えている、いたずらっ子のような雰囲気を生まれながらに身につけています。旺盛な好奇心と斬新《ざんしん》なアイディアや奇抜な発想力を活かして、次々と新しいことに挑戦していくあなたは、まさに天性のエンターテイナー。そのユーモアのセンスや無《む》邪気《じゃき》さ、人懐っこさはまさに宿命の賜物で、何をしても憎まれない得な性格です。交友関係も広く、多くの人から好かれ、常に笑いの中心にいるアイドル的な人気者。

生まれつき勘《かん》が鋭く、頭の回転も速く、アドリブも得意。一瞬でその場の空気を明るくできる人です。自分が目立つことに抵抗がないのも宿命のなせるワザ。決断力、行動力にも恵まれており、楽天的で自己アピールも上手。そのため、多少の失敗をしても立ち直りは早く、ケロリと忘れて、また次の「新しいこと」に挑戦していく前向きさが特徴です。

★宿命にみる仕事・金運・恋愛 ≫ 楽天的でポジティブ志向の宿命は、組織のムードメーカー。目上の人や上司に可愛がられ、出世コースを歩むでしょう。お金には困らない強い金運の持ち主ですが、お金を貯めるより、パーッと使う方が好きだし、得意でしょう。

個性的でちょっと変わった人が好きという恋愛傾向は、ユニークさを求めるあなたの宿命。相手の本質を見抜く能力が備わっているので、ヘタな計算や見栄を重視すると墓穴《ぼけつ》を掘ることに。ケンカをしたら、すぐに謝ることを忘れずに。結婚すれば、友達夫婦、友達親子のような関係になり、笑いの絶えない明るく楽しい家庭を築いていけます。

★前世のカルマ≫どれだけ年齢を重ねても、子どもっぽさが消えません。計画性はなく、地道に継続していくのは苦手で、ガマンできません。貯金も嫌い。お金もあればあるだけ使ってしまうタイプ。宿命がマイナスに出ると、好奇心だけで後先考えずにあれこれと手を出して、どれも中途半端になり、周りに迷惑をかけることも。お調子者で、おだてや誘惑に弱いところもあるので、目先の快楽や楽しさに負け、甘い言葉に騙《だま》されないよう要注意。

★あなたの前世・過去生≫「アマゾンの奥地で暮らす野生児」

アマゾンの奥地で部族の首長の子どもとして生まれたあなたは、狩りや踊りなどの修行に励みますが、ある日、突然もっと違う世界を見てみたいと冒険の旅に出かけるのでした。

4日生まれ ≫ 4 グループ

地道にコツコツ。安定感は抜群！
真面目で「しっかり者の堅実家」

★生まれもった宿命≫あなたは生まれながらに、真面目な堅実家タイプ。常識や規則、約束やルールを重んじ、決められたことは忠実に守ろうとする几帳面《きちょうめん》な性格です。どっしりとして物おじせず、安定感は抜群。しっかりとした芯《しん》をもち、物事をキチンと完成させるという才能は、宿命の賜物です。忍耐力があり、小さなことでも手を抜かず、地道にコツコツと積み重ね、最後まで完璧《かんぺき》にやり遂《と》げようとする、責任感の強い努力家タイプ。
ウソやごまかしは許せず、手抜きもできない、礼儀正しい誠実な人柄は、不器用ながらも周りからの信頼はバツグン。自分が正しいと信じたことに関しては、貫き通す強い信念の持ち主です。普段は温和で、マイペースなしっかり者。資格好きで、計画的に勉強して、望む資格を手に入れる意志の強さも、生まれながらの特徴です。答えのはっきりしない、あいまいなものは苦手。科学的に証明できる、目に見えるものを好む常識人でもあります。

★宿命にみる仕事・金運・恋愛≫コツコツと働く勤勉な努力家なので、組織活動向き。無駄遣いはせず、コツコツ貯金で財を成すタイプ。税務、経理、金融関係など、お金の管理は得意。公務員など、資格の必要な堅い仕事、細かい作業を求められる専門職なども◎。

恋愛面でも、かけひきはできず、常に正面からぶつかる直球勝負。セックスに関しては、かなり奥手。浮気や裏切りといった言葉とも無縁でしょう。家庭人としては、しっかり者の「いい子、良き妻（夫）、良き母（父）」として、高い評価を受けるでしょう。ポイントは、すべてに完璧を求めないこと。人間の弱さを認める勇気が、あなたの器を広げてくれます。

★前世のカルマ≫しっかり者の宿命も、過ぎれば「融通《ゆうずう》のきかない頑固者」に。「ねばならない」が強くなると、自らの正しさを人に押しつけて、他人を責めたり裁いたりする傾向が出やすくなりがち。また保守的で安定志向のカルマが強く出ると、新たなことに挑戦する勇気やチャレンジ精神が失われて、砂を噛《か》むような人生に陥る可能性も。強い責任感から、トラブルや悩みを自分ひとりで抱え込みがち。身近な人に相談するクセづけを。

★あなたの前世・過去生≫「シベリア地方に暮らす村人」

北の果て、シベリアに暮らす村人があなたの前世。厳しい環境の中、働き者のあなたは家族を守るため、生涯を通じて真面目にコツコツ働き、安定した平和な生活を送りました。

5日生まれ ≫ 5 グループ

とにかくジッとしていられない
「フットワークの軽い自由人」

★生まれもった宿命≫人間がもつ特徴である、「自由、変化、行動力、柔軟性、環境適応能力、コミュニケーション能力」などが、宿命数に「5」をもつ、あなたの才能です。明るく活発な性格で友人も多く、呑《の》み込みも早く器用。ルールに縛《しば》られたり、型にはめられることを嫌い、何より自由を好みます。フットワークが軽く、どこへ行っても、その場にすぐに溶け込むことができる、生まれながらの人気者。パーティーなど、多くの人が集まるような場では、水を得た魚のように、イキイキとその才能を発揮できるでしょう。

好奇心も旺盛で、新しいモノ、コト、場所、人が大好き。なんでも自分で体験したがり、よいと思ったものはすぐ取り入れる柔軟な考えの持ち主です。頭の回転が速く、流行に敏感で、情報通で臨機応変。喜怒哀楽がはっきりしており、感情表現もストレート。気持ちの切り替えも早く、すぐに次の行動を起こせる身軽さとポジティブさも魅力です。

★宿命にみる仕事・金運・恋愛≫管理されるのは苦手なので、制約が少ない自由業向き。

移動好きなので、商社、観光、旅行業なども◎。間違いなくモテるので、水商売やサービス業も向いています。金運にも大きな波があり、一夜にして大金を稼ぎ出す才能もありますが、アッという間に散財するなど、浮き沈みが激しくなることは避けられません。

オシャレなセンスで、話術も巧《たく》みで話題も豊富。多趣味で多彩。セックスも情熱的で、テクニックも十分。恋人にするのには申し分ありません。ただ自由を制約される結婚には不向き。結婚後も、家庭に収まることはなく、「恋多き人生」を歩むことになるでしょう。

★前世のカルマ ≫ 自由を追い求める宿命も度を超すと、自分勝手でワガママな生き方になるかも。変化をくり返すあなたは、良くも悪くも安定しません。集中力に欠け、飽きっぽく、他のことに目移りしがち。いろんなものに手を出しますが、途中で投げ出すことも多く、すべてが中途半端になりがちなのはカルマの影響。困難な事態に直面すると、現実逃避する傾向があるので、逃げずにベストを尽くす、誠実な生き方を意識しましょう。

★あなたの前世・過去生 ≫「流《る》浪《ろう》の旅人・ジプシー」

あなたは、ヨーロッパ各地を転々と旅しながら暮らした流浪の民。利発だったあなたは、各国の言葉や慣習、多彩な技術などを次々にマスターし、多くの友人にも恵まれました。

6日生まれ ≫ 6グループ

涙もろく、困っている人を放っておけない
人情に篤い「感激屋の先生」

★生まれもった宿命≫心根のとてもやさしい人です。穏やかな性質で、争い事は好みません。いつもニコニコと笑顔を絶やさず、誰に対しても温和で親切。困っている人を見ると、黙って見過ごせないのは、愛情深いあなたの宿命のなせるワザ。その温かく、包み込むような人柄は、多くの人から親しまれ、母親のように頼りにされることでしょう。映画やドラマ、他人の話にもすぐに感情移入する、涙もろいタイプ。表情豊かで喜怒哀楽がストレートに顔に表れ、小さなことでも大げさに喜びを表現する感激屋さんです。

正義感が強く、曲がったこと、ウソや不正は許せません。特に弱いものいじめには敏感に反応し、勇気をもって立ち向かっていきます。また母性本能が強く、自分を頼ってくる相手には、平気でモノやお金をあげたり、損得勘定抜きに親身になって何かと世話を焼きたがります。人に教えることも得意で大好きなのも、お世話好きの宿命の表れです。

★宿命にみる仕事・金運・恋愛≫チームのまとめ役がピッタリ。現場でみんなと一緒に汗

を流す店長的ポジションが合っています。奉仕精神を活かした学校の先生、保育士や看護師、介護士なども◎。面倒見が良く、仲間や後輩に気前よくおごったり、ごはんを食べさせるのが好き。気前よく出した分、必ず返ってくるので、お金で困ることはないでしょう。

典型的な世話女房タイプ。男性でも、尽くしたがりの傾向が。愛情が深過ぎて、騙されたり、ストーカー行為に走る可能性もあるので要注意。結婚後は、家族想いの「良き母、良き父」に。子《こ》煩悩《ぼんのう》で、教育熱心。宿命的に人生のすべてが家族優先になる傾向が。

★前世のカルマ ≫ 世話好きの性質が高じると、自分が「いい」と思ったことを、相手の事情などお構いなしにドンドン押しつける、「愛情の押し売りセールスマン」になりがち。好きでおせっかいを焼いているのに、相手からの感謝がないとむくれます。また身近な人を、巧みな愛情表現で支配・コントロールする傾向も。何事もやりすぎは禁物。問題を抱えている人を見ると「なんとかしなきゃ」と思い、深みにハマる傾向もあるので、要注意。

★あなたの前世・過去生 ≫「ローマ帝国・王室の教育係」

教師、修道士、保母など、貧しい者、弱い者のお世話をした過去生が多いよう。前世は、当時の王様の子息、王子につくお世話係として、母親代わりに愛情を注ぎ込むのでした。

7日生まれ ≫ 7 グループ

脇目もふらず、ひとりで歩む 自らのスタイルを貫き通す「頑固な職人」

★生まれもった宿命≫他人のことはほとんど気にならない、自立した性格です。人と比較されたり、競争することを好まず、とにかくマイペースで物事を進めます。群れるのも苦手で、単独行動を好む「一匹オオカミ」タイプですが、これは生まれもった宿命の影響です。そのため、幼い頃から大人っぽく、精神的に早熟な傾向が。常に冷静で、クール。喜怒哀楽の感情をあからさまにすることを良しとせず、誰にも本音は明かしません。

理知的な努力家で、細部にこだわりをもつ完璧主義者。自分の考えやテリトリーが明確で、安易な妥協《だきょう》はしません。男女問わず、自分のスタイルを貫き通す、職人的な潔《いさぎよ》さやカッコ良さを身につけています。口数は少なく寡黙《かもく》なタイプ。一見ぶっきらぼうで、少し冷たく感じられますが、相手を無視しているワケではなく、周りを冷静に観察しているだけ。求められれば鋭い分析力をもとに、的確なアドバイスもできるでしょう。

★宿命にみる仕事・金運・恋愛≫生涯を通じて探求できる「何か」が見つかった時、職人的なこだわりがプラスに作用し、スペシャリストとしての宿命が輝き出します。「好きな仕事ができれば、それでいい」という職人タイプなので、お金は二の次。妥協せず、自分のこだわりやスタイルを重視した方が、結果的に人生の成功に近づきます。

宿命的に常にミステリアスな雰囲気を漂《ただよ》わせており、ふと見せる繊細《せんさい》で寂しげな表情が、相手にとってたまらない魅力。家族といえど、適度な距離を保った、自立した関係を好みます。ひとりの時間と空間が大切で、自分のテリトリーを侵されるのは嫌いです。

★前世のカルマ≫他人とのコミュニケーションが苦手。自分の世界を大切にするあまり、積極的にコミュニケーションをとりにいかないので、周りから誤解され、孤立してしまうことも。また世の中を冷めた視点で見下し、世間をバカにして、人嫌いになりがちなのは、カルマの影響。喜怒哀楽の感情を押し殺してしまうと、無感動で無表情になり、つき合いの悪い人になるので、できるだけ社会や周りの人々との接点をもつよう、心がけましょう。

★あなたの前世・過去生≫「中世イギリスの騎士《きし》」

中世ヨーロッパにおいて、すでに時代遅れになりつつあった騎士という職業を父親に憧れて目指し、厳しい修業を積み重ね、最後まで騎士道精神を貫き通した孤高の戦士でした。

8日生まれ ≫ 8グループ

四方八方に広がり、あれこれ手を出す
パワフルで「情熱的なファイター」

★生まれもった宿命≫とにかく「熱い」人です。何事もやってみないと気が済まず、ジッとしていられません。負けず嫌いで、困難に挑戦することでファイトが湧いてくるタイプ。仲間と一緒に、ひとつの目標に向かって努力していること自体が、最大のモチベーションであり、生きがいにつながります。常に忙しく動き回っている姿は、他人からは大変そうに見られますが、宿命のままに生きているだけなので、本人は全く苦にはなりません。

明るくパワフルで、お祭り好き。オーラも大きく、何をやっても目立つタイプ。実行力に優れ、周りを巻き込みながら、現実的に行動していくパワーはバツグンです。ビジネスセンスもピカイチで、どんなことでもお金に換えていける商才の持ち主。新しいもの好きで、未知のものに対する好奇心も人一倍。細かいところは気にしない、大胆《だいたん》で豪快な性格です。大勢でワイワイと盛り上がるのが好きな、体育会系ノリの宿命の持ち主です。

★宿命にみる仕事・金運・恋愛≫「趣味は仕事」というくらい、最もビジネス向きの宿命をもっています。ビジネスセンスは抜群で、どんな仕事でも成功を収めるハズ。個人プレイではなく、多くの人が関わるチーム単位の仕事が好み。金運もピカイチ。独立起業がハマれば、一代で「巨万の富」を稼ぎ出す可能性もあります。恋愛でも、相手の事情などお構いなしに、情熱的に攻めまくります。宿命的に拡大のエネルギーをもっているので、同時に複数の相手とつき合うことも平気。結婚後も家庭だけに収まることはなく、生涯にわたって仕事を続け、複数の趣味をもち、日々忙しく飛び回っているでしょう。

★**前世のカルマ** ⋙ 宿命のパワーが強過ぎるところがあり、周りを振り回しがち。同時並行であれこれと手を出して、自分でも収拾がつかなくなるのは、カルマの影響です。派手に花火を打ち上げるのは得意ですが、やり放しで次に移っていく傾向があり、周りは後始末が大変です。過去生では権力者だったため、上から目線で自分のやり方を強引に押しつける傾向があり、それに従わない相手には容赦《ようしゃ》がなく、反感を買いがちなので要注意。

★あなたの前世・過去生 ⋙「中国・始皇帝時代の女傑《じょけつ》」

王族、貴族、豪商、盗賊、ギャンブラーなど、富や財宝などと関わりが深い過去生です。前世は始皇帝時代に平民から商売を興し、一代で巨万の富を築き上げた女傑でした。

9日生まれ ≫ 9グループ

世のため、人のために尽くしたい
世界平和の「大志を抱く優等生」

★生まれもった宿命≫世のため、人のために役に立ちたいと願う「いい人」です。頭もよく、知識欲も旺盛。知的で聡明な、インテリタイプ。親の言いつけはキチンと守る、真面目な優等生タイプ。幼い頃から、落ち着いた大人の雰囲気を身につけており、心やさしく、清らかで、感受性が強くナイーブ。争い事は好まない、平和主義者です。勤勉な努力家で、成績も優秀。しかも常に全体に目を配りながら、細やかな気遣いでグループをまとめていこうと働く学級委員タイプなので、親や先生、上司からのウケはバツグンです。

過度に自己主張することはなく、控えめで、人の嫌がることでも納得すれば、率先してこなします。また空想するのが好きなロマンチストでもあり、本気で「世界平和の実現」を夢見て、それを人生の目標に掲げて努力する、理想主義者の宿命も抱えています。部屋の中で読書をしたり、ゲームをしたりして、静かに過ごす方が好きなインドア派です。

★宿命にみる仕事・金運・恋愛≫「世のため、人のために役に立っているか」という観点が、仕事のモチベーションを大きく左右します。政治家、公務員、医師、薬剤師、介護士などの公共性の強い仕事は、やる気がアップするでしょう。お金儲けだけを目的とした仕事はＮＧ。お金と社会貢献が結びついて初めて、あなたのやる気と金運が高まります。

知的でやさしく、清潔感があり、爽やかで好印象。恋愛と結婚は別物と割り切り、結婚相手は冷静に見極め、結婚後は理想の家庭を築こうと努力します。「良妻賢母」「良き父、良き夫」タイプですが、本音が打ち明けられないと、仮面夫婦になることも。

★前世のカルマ≫幼い頃から「良い子・優等生」を演じ続けてきたため、自分でも本音がわからなくなっており、無価値観や罪悪感を抱え込みやすいタイプです。良い子の仮面が脱げなくなってしまうと、二重人格的になりがち。知的階級が多かった過去生の影響で、理屈っぽく、おたく的な傾向があり、隠れたプライドもかなり高め。常識的な「良い・悪い」の価値基準が厳しく、自らの正しさで他人を裁きがちになるので要注意です。

★あなたの前世・過去生≫「平安時代の宮廷貴族」

政治家、宗教家、学者、医者など、社会的地位の高い過去生が多い中、平安時代の宮廷貴族だった前世では国のために働き続けた末、やがて無力感を抱き、世俗を離れました。

10日生まれ ≫ 1 グループ

人を惹きつける、不思議な魅力がある「スケールの大きなリーダー」

★生まれもった宿命≫リーダーとしての性質が、より大きくスケールアップするのが、あなたの宿命。周りに自然と人が集まり、いつの間にか、みんなの中心で輝いている不思議な魅力の持ち主です。小さなことは気にしないし、気にならない、大らかでサッパリとした性格は、裏表がなく誰からも好かれます。太っ腹で気前がよく、大胆で豪快。大きな理想やビジョンを掲げ、その実現に向けて、頼もしい実行力や指導力を発揮します。

宿命のお陰で、全体をバランスよく見通す、広い視野をもち、細やかな気配りも自然にできるため、人望があります。喜怒哀楽の感情がはっきりしており、ウソがつけない素直で真っすぐな性格です。怒ったり落ち込んだりしても、気分の切り替えが早く、すぐにケロッとして、あとを引くようなことはありません。典型的な「親分・姉御肌」で、慕ってくる人に対する面倒見のよさも特徴で、頼まれごとは断れないのも宿命でしょう。

★宿命にみる仕事・金運・恋愛≫人望があり、チームをまとめて、引っ張っていくリーダーシップ力は宿命の賜物。人気運があり、目立つ存在なので、芸能関係も◎。起業家精神も旺盛で、IT関連や不動産関連なども向いています。恵まれた金運の持ち主で、自らの才能をお金に換える能力をもっており、お金を大きく増やす、投資の才能もあります。

惚《ほ》れっぽくて、すぐに熱くなる、恋多きタイプ。ただし二股など、恋のかけひきをすることはなく、純情で一途《いちず》な面も。結婚相手は、直観で決めるタイプ。情熱的ですが、根は真面目。家庭も仕事も趣味も、すべてに全力投球したいという欲張りなタイプです。

★前世のカルマ≫「大胆にして、繊細」「豪快にして、ナイーブ」「熱しやすく、冷めやすい」など、相反する資質が同居しており、感情面でのアップダウンが激しくなるのは宿命的に避けられないかも。何をしても成果ははっきりしており、中途半端はありません。目の前のことにのめり込むと、周囲を巻き込み、大きく振り回し、最終的には吹き飛ばしてしまっても、本人はケロッとしているというお騒がせタイプになりやすいので、要注意。

★あなたの前世・過去生≫「南北戦争時代の熱血将校」
過去生は貴族、大名、市長、村長など、多くの人をまとめてきた市民派リーダー。前世ではアメリカ南北戦争時代の熱血将校として、奴隷解放を掲げて、勇敢に戦いました。

11日生まれ ≫ 2/11グループ

直感・ヒラメキの赴《おもむ》くままに生きる「不思議系サポーター」

★生まれもった宿命≫あなたは目に見えない世界に対するアンテナの感度が高い、「神官・巫女《みこ》」という宿命を、生まれながらにもっています。霊感や直感も鋭く、スピリチュアルな世界を当たり前に、とらえている不思議ちゃん。神聖なもの、美しいものを見分ける審美眼と繊細な感性の持ち主。平凡なことでは満足できず、個性的で先進的。感受性が豊かで、ナイーブ。他人の痛みを自分のことのように感じられる、心やさしい性格です。

夢想家で妄想《もうそう》好きなロマンチストタイプ。常に新しい夢や理想を追い求め、感覚を頼りに生きています。争いを好まず、穏やかでのんびりした性格ですが、独自のこだわりは譲《ゆず》れない頑固な一面も。ヒラメキやインスピレーションを駆使して、一瞬で「答え」を導き出せる天性の才能にも恵まれています。カリスマ性もありますが、目立つことは好まず、陰に回って表舞台で輝く人を支えることに喜びを感じるのも、宿命のなせるワザです。

★宿命にみる仕事・金運・恋愛≫普通の人にはないユニークな発想や独創性があり、神秘的な能力も高く、個性的で先進的な、夢のある仕事を好みます。アーティスト系やクリエイター、セラピスト向き。お金よりも精神的な満足を求めるタイプですが、不思議とお金に困らないのは、宿命の賜物です。お金の計算をし出すと、才能が消えていくので要注意。

相手にやさしく尽くすタイプで、心のつながりを何よりも大切にするロマンチストです。結婚相手は、ほぼ直感で即決でしょう。相手の心変わりや浮気には敏感で、特に精神的な裏切りは許せません。常識に縛られない恋愛体質のため、不倫にも陥りやすいので要注意。

★前世のカルマ ≫ 直感的に「答え」がわかっても、「式」を説明することができないため、周囲から理解されにくいのは、あなたのカルマ。周りから強く意見されると、途端に迷いやすくなり、優柔不断に陥りがち。決断できず、あいまいでファジー。神経質で心配性など、否定的で悲観的なネガティブ・スパイラルに陥りがち。宿命で授かった高い波動を受け取る能力を現実で活かし、周りの人々の幸せに貢献する姿勢を忘れないように。

★あなたの前世・過去生 ≫「古代エジプトのシャーマン」

天文学者、医師、魔女、占い師など、スピリチュアルな才能を活かして活躍した過去生の記憶が。前世ではシャーマンとして、王のアドバイザーとして絶大な信頼を得ました。

12日生まれ ≫ 3 グループ

話半分で、勢いよく走り出す
パワフルで「負けず嫌いの子ども」

★生まれもった宿命≫ちょっとやんちゃな「ガキ大将」タイプの宿命の持ち主。明るく、元気で快活。負けず嫌いで、目立ちたがり屋のお調子者。「いじめっ子」的なキャラを演じて、強がることもありますが、内面はとてもやさしく、繊細でナイーブな一面も。弱い者いじめなどを見ると、放っておけない正義感の強いところも宿命のなせるワザ。常に直球勝負の素直でストレートな人柄で、調子にのった時の勢いは誰にも止められません。

　喜怒哀楽の感情がわかりやすく顔に出るため、ウソはつけません。打てば響くような軽快な反応とノリの良さが特徴。感情のアップダウンも激しく、極端な二面性もありますが、切り替えの早さはピカイチです。好奇心旺盛で、ゾーンに入った時の集中力と瞬発力はバツグン。典型的な短距離ランナータイプです。「これ！」と思った時の行動力は目を見張るものがあり、時代のタイミングが合えば、一気に大化けする可能性を秘めています。

★宿命にみる仕事・金運・恋愛≫ズバリ！仕事ができる宿命の持ち主。リーダーも、サポーターもできる、オールラウンドプレイヤー。特に企画力は抜群。斬新なアイディアで、周囲をアッと驚かせることも。短期決戦型のイベントやアイディア勝負の流行りもの、一発勝負の株や投機など、ギャンブル性の高い分野で大きく財を成す可能性もあります。

宿命的に、一瞬で恋に落ちてしまう「ひと目惚れ」タイプ。見た目の印象とは裏腹に、初恋の相手を思い続ける一途な面も。結婚願望は強く、子どもは大好き。パートナーには支配的になる面と、甘えたがりの二面性が交互に出て、相手を戸惑わせてしまうかも。

★**前世のカルマ** ≫ 勢いだけで、計画性のないお子ちゃまタイプ。何事に対しても飽きっぽい性質で、すべてが行き当たりバッタリ。目標設定が弱く、先のことは考えられません。ひとつのことをじっくり取り組むのが苦手で、途中で投げ出してしまうのは、宿命の負の要素かも。あきらめが早く、ガマンできず、待つのは嫌い。お片づけは大の苦手。散らかしっ放し、やりっ放しで、次に移っていくと、周囲に多大な迷惑をかけるので要注意。

★**あなたの前世・過去生** ≫**「古代マヤのスポーツ選手」**

旅芸人、道化師、ダンサー、戦士、音楽家、画家、発明家などの過去生の記憶が。前世は古代マヤで活躍した格闘家。生まれつき身体を動かすのが好きなのは、その賜物です。

13日生まれ ≫ 4 グループ

(女)王のような、威厳《いげん》と風格を保ち
自らの信念を貫く「正義の味方の堅実家」

★生まれもった宿命≫ ウソやごまかしの利かない、真っすぐで、誠実な人です。常識や規則、ルールを重んじ、一度交わした約束は律儀に守ろうとするのは、宿命の影響でしょう。「良い・悪い」がはっきりしており、自らの信念は曲げませんし、正しくないと思ったことは断固、受け入れません。「正義の味方」に対する強い憧れがあり、正義は必ず勝つと信じているタイプ。安心して物事を任せられる、どっしりした安定感が特徴です。

落ち着いた物腰で、周囲からの人望も篤く、トランプのキングに象徴されるような、(女)王のような威厳と風格を保っています。権力やパワーには特に敏感に反応し、権力を手にするためにグループや組織、派閥を作ったりする傾向があるのも、宿命のなせる業。実績をコツコツと積み重ねていく、粘り強く、ガマン強い性格。内に秘めた情熱はかなり熱く、責任感も強いので、最後まで自分の役割を全うするための努力は惜《お》しみません。

★宿命にみる仕事・金運・恋愛≫ 仕事面でも派手さはありませんが、任せられた仕事は確実にこなし、実績を重ねていく堅実なタイプです。金運も堅調で、お金に困ることはない宿命です。ただし、一旦権力を握るとお金のパワーに魅せられて、すべてをお金で解決しようとしたり、お金にものをいわせたりする傲慢《ごうまん》な態度に陥りがちなので、要注意です。

宿命的に、恋愛と結婚とを切り離して考えることができない古風な恋愛観の持ち主。ただ昼間は真面目ですが、夜は激しく燃えるタイプです。家庭内での役割もキチンとこなそうとしますが、指示・命令・コントロールが多くなり、家族からは煙たがられるかも。

★前世のカルマ ≫宿命的に、正しさに大きな価値をおくため、遊びや冗談が通じず、融通《ゆうずう》が利きません。自分に厳しいだけに、相手のワガママや自分勝手な言動は許せません。何事も慎重に考え過ぎて、決断に時間がかかるタイプ。終わったことなのに、いつまでも後悔してしまうのもカルマのなせる業。責任感が強く、プライドも高く、人に弱音を吐くことができないため、問題や悩みをひとりで抱え込んでしまうタイプなので、要注意。

★あなたの前世・過去生 ≫**「ロマノフ王朝時代の大貴族」**

王や位の高い貴族、役人の過去生の記憶が。ロマノフ王朝時代の前世では、貴族としてかなりの地位に昇り詰めたため、今生でも威厳のある品格と高貴な雰囲気があります。

14日生まれ ≫ 5グループ

思い込んだら一直線に飛んでいく
「守りが固い自由人」

★生まれもった宿命≫すべてにおいて、「スピード命」！　何事も即断、即決、即行動ができるのは、あなたの宿命の特徴です。フットワークの軽い、行動力バツグンの自由人ですが、軟派なタイプではありません。浮《うわ》ついている感じはなく、自らの信念やビジョンを明確にもち、目標に向かって一直線に進みます。ターゲットが定まった時の行動力はバツグンで、積極性こそ、宿命の持ち味です。ただし、変わり身の早さもピカイチ。結果的に方向性がコロコロ変わりますが、本人的には一貫性があるので悪気は全くありません。

喜怒哀楽の感情が豊か。友達や仲間思いで、気配り上手。明るく、誰かれなく気軽に声をかける、親しみやすい気さくな性格で、人気者です。多趣味で嫌味もなく、どこにでもマメに顔を出すので、顔の広さはピカイチ。話術も巧みで、アドリブも利き、盛り上げ上手なので、宴会やパーティーの仕切り役として大活躍できるのも、宿命の賜物でしょう。

★宿命にみる仕事・金運・恋愛≫営業的なセンスはバツグンで、飲み込みも早く、仕事が早い。とっさの時の機転も利き、いざとなればリーダーシップも発揮できるので、間違いなく出世するタイプです。バランスの良い金銭感覚は、宿命の賜物。お金の「流れ」には敏感で、これから儲かりそうな分野を見極める先見の明があり、大金を稼ぎ出すことも。

宿命的に人気運があり、恋多きモテるタイプ。自分が束縛《そくばく》されるのは嫌いですが、相手を束縛したがります。結婚に対する憧れも強い反面、家庭に縛られたくないという気持ちも強く、婚期が遅れる可能性が。結婚するのなら、勢いと思い切りが大切です。

★前世のカルマ≫ 感情の起伏が激しく、二重人格的な性質があるのは宿命的に避けられません。自分は束縛を嫌うのに、相手のことは束縛したいという矛盾した思いがあり、気持ちが不安定になりがち。宿命的に思い込みが激しく、早とちりの傾向も。なんでも自分のペースで、ドンドン進めていくので、周りはついていくのが大変です。後先考えず、簡単に約束してしまい、それがあとで自分の首を絞めることにもつながるので要注意です。

★あなたの前世・過去生≫「地中海の海賊」

冒険家、探検家、開拓者、旅人などの過去生をもち、前世は地中海で名を馳《は》せた海賊です。今生でもその日暮らしが気にならず、旅行好きで、好奇心旺盛なのは、その名残《なごり》かも。

15

日生まれ

≫ 6 グループ

情熱とバイタリティに溢れた
熱血的な「行動力のある先生」

★生まれもった宿命≫仲間思いの、やさしい性格で、身内や目下の者のピンチに対しては、身体を張ってでも守ろうとする熱い情熱の持ち主です。家族や友人など、身近な人と一緒に笑ったり、泣いたり、怒ったりする、頼りがいのある父親のような熱血先生タイプの宿命があります。つながりや絆《きずな》、連帯感を何より大事にするタイプです。揺るぎない信念の持ち主で、曲がったことは大嫌い。義理人情に篤く、温かみのある性格も、宿命ならでは。

面倒見の良さはバツグンで、自分を慕ってくる人は、誰でも受け入れ、親身になって世話を焼きます。もめ事やトラブルにも積極的に首を突っ込み、問題解決のために走り回る「おせっかい焼き」です。じっとしていられない性格で、考えるより、即行動。常に真正面から問題に取り組み、全力でぶつかっていく一本気な性格。何事も白黒をはっきりつけたがるタイプで、適当に妥協したり、手を抜いたりなどは宿命的にできません。

★宿命にみる仕事・金運・恋愛≫現場をまとめる、チームリーダーという役割がハマるのは、宿命のお陰。常に現場でみんなと一緒に汗を流したい、生涯現役タイプです。金運には恵まれていますが、宿命的に貯金は苦手。お金をもっと周りの人に気前よくおごってしまいます。ただ、気前よく出した分、ピンチになると必ず救いの手が差しのべられます。

好きになった相手には、かいがいしく尽くします。宿命的にダメな人を放っておけないタイプなので、経済的、精神的に支えようと懸命に努力します。結婚後は、家族想いの「良き母、良き父」となりますが、子どもには先生目線で、あれこれ口出しする傾向も。

★前世のカルマ ≫ 自分が「いい」と思ったことを相手の事情などお構いなしに、自分のペースでドンドン押しつけてしまう宿命をもっています。自分の中の正しさや正義感が強く、信念を曲げないため、偽善的な傾向も出やすいのも、カルマのなせるワザ。親しくなった人を自分の内側に取り込み、おせっかいの焼き過ぎで、相手のプライバシーを侵害し、「暑苦しい、うっとうしい、ウザイ」などと煙たがられる可能性もあるので、要注意。

★あなたの前世・過去生 ≫「フランス軍の熱血教官」

学校や教会、孤児院で子どもたちの世話をしていた過去生が。前世はフランス軍の熱血教官として兵士の教育係を担当。今生でも体育会的な上下関係を好むのは、その名残かも。

16日生まれ ≫ 7グループ

頼まれごとにNOと言えない親方気質の「お人好しの職人」

★生まれもった宿命≫自分に厳しく、妥協を許さず、ひとりで黙々《もくもく》と努力する「頑固職人」の宿命をもっています。自分のことを慕ってくる相手（家族や身内、後輩や弟子など）に対しては面倒見よく接します。ややぶっきらぼうですが、根はやさしく、義理人情にも篤い性格で、頼まれると断り切れない、お人好し。自分のもっている知識や技術を分かち合おうという意識は強く、丁寧に指導し、後進を育てようとする親方タイプ。

リーダーの才能もありますが、目立つことは好きではなく、ひとりの時間を大切にします。自分が生み出した作品に対する愛着や思い入れは非常に強く、作品を評価されることに喜びや生きがいを感じるのは、宿命の影響です。責任感が強く、自立心も旺盛。完璧主義者で、自分に厳しい性格も過去生から引き継いだもの。他人に弱音を吐いたりせず、弱みを見せない我慢強さと、人に助けを求められない強情っぱりな面もあるでしょう。

★宿命にみる仕事・金運・恋愛≫仕事には厳しく、妥協を許さない完璧主義者としての宿命が強く出ます。職人気質で細部までこだわります。その仕事が「作品」として評価されると、経済的な豊かさや名声などを一気に手にすることができる宿命の持ち主です。

恋愛面では外面のクールさとは裏腹に、かなり熱く情熱的な内面が出やすくなります。ふたりきりになると甘えたり、情熱的になったり。その二面性が魅力になるかも。家庭をもっても、必要以上に家族のプライバシーに踏み込むことはありません。ただ、自分の子どもには弟子に対するように接し、細かいところまで、かなり厳しく躾《しつ》ける可能性も。

★**前世のカルマ** ≫ 宿命的に自分に厳しい努力家だけに、努力の足りない相手にはかなり厳しいハズ。自らの「こだわり」を基準に物事を判断し、自分の考え方を周りにも押しつけようとする傾向もあります。秘めたるプライドはかなり高いものがあり、本音を吐くこともほとんどなく、頑固で負けず嫌いな性質は、カルマの影響かも。めったに怒りを爆発させることはありませんが、一度キレると容赦がなく、後々まで尾を引くので要注意。

★**あなたの前世・過去生** ≫ **「中世ドイツのギルドの親方」**

修行僧、求道者、職人として修行に励み、その中でもリーダー格として活躍していた過去生が。前世はたくさんの弟子を育てた、面倒見のいい中世ドイツのギルドの親方でした。

17日生まれ ≫ 8 グループ

**誇り高きプライドを胸に秘め
自らの信念を貫く「意志の強いファイター」**

★生まれもった宿命≫自分なりの明確な信念やポリシーをもつ、パワフルな情熱家です。相手が誰でも、自分の考えを簡単に曲げたりせず、芯が一本通っているのは、生まれもった宿命の賜物です。スイッチが入った時の集中力や行動力、情熱やパワーは誰にも負けません。人一倍負けず嫌いで、困難に挑戦していると、さらに燃えてくるタイプです。カラッとした性格で、クヨクヨ悩むことはなく、切り替えは早く、サバサバしています。

好奇心旺盛で、いろんなことに手を出しますが、自信のある分野に集中的にエネルギーを注ぎ、確実に勝利を手に入れようとする、計画的な一面も。宿命的に周りを巻き込む力、引っ張っていく力、まとめていく力はピカイチで、自ら先頭に立って頼もしいリーダーシップを発揮します。敵味方をはっきりと区別したがるので、気の合う仲間と過ごす時間はワクワクしますが、それ以外は時間の無駄と思ってしまうのも、あなたの宿命です。

★宿命にみる仕事・金運・恋愛≫ビジネスセンスは抜群。仕事が趣味、生きがいになるタイプで、どんな仕事に就いても、必ず成果を残します。金運のスケールの大きさも、ピカイチ。何もないところから、自分の力だけで財を成すだけの才能と実力、抜群の金運は生まれもった宿命の賜物。ただし、富をひとり占めしようとすると落とし穴にハマるかも。

太っ腹で面倒見もよく、頼りにされたり、甘えてもらったりするのが大好き。お金遣いも派手なので、間違いなくモテるでしょう。仕事大好き人間なので、結婚しても仕事中心のライフスタイルは変わりません。子どもの運動会やスポーツ大会に異様に燃えるかも。

★前世のカルマ≫ 弱者に厳しい実力主義の独裁者として、自分のペースについてこられない相手は、容赦なく切り捨ててしまう厳しい一面があるのは、カルマのせい。敵か味方かを明確に区別し、反発してくる相手とは徹底的に戦う、怖い面があるのも宿命ならでは。自信家でプライドが高く、他人の意見にはめったに耳を貸しません。すべてを自分の思い通りに支配し、コントロールしようとする傾向も出やすいので、要注意です。

★あなたの前世・過去生≫「モンゴル帝国の豪商」
大富豪、貿易商、豪商、庄屋、盗賊など、成功を収めた過去生が。前世ではモンゴル帝国の豪商として、アジア全体を股にかけ、巨万の富をほしいままにした、栄光の記憶も。

18日生まれ ≫ 9グループ

周りから頼りにされると喜ぶ秀才タイプの「気さくな優等生」

★生まれもった宿命≫その場の状況に応じて、何事もソツなくこなす、臨機応変な対応力はバツグン。リーダーから裏方まで、さまざまなタイプを演じ分けられる守備範囲の広さが、あなたの宿命の特徴です。あえて自己主張はしませんが、独特のカリスマ性をもち、自然とまとめ役を任せられるでしょう。生まれもった宿命のお陰で、「世界平和の実現」などの目標に向かって、多くの人を束ねていくだけのパワーと人望を兼ね備えています。

勤勉な努力家で、秀才タイプ。頭が切れるだけでなく、現実的な実行力もあり、周囲から頼りにされます。理知的で大人っぽい雰囲気は、年齢より上に見られることが多いかも。誰に対しても気さくに接し、周囲の面倒見もよく、穏やかで親しみやすい一面も。宿命的に状況判断や分析は常に鋭く的確。幅広い観察眼をもち、豊富な知識を元にした指摘やアドバイスは論理的で的を射ており、周りから常に一目置かれる存在でしょう。

★宿命にみる仕事・金運・恋愛≫宿命的に勤勉で優秀な人なので、どんな仕事に就いても、頭角を現してくるでしょう。リーダーとしての実力もありますが、独立志向は薄く、組織の中で権力を握りたいタイプです。秘めたるプライドはかなり高く、常に中流以上の生活をキープしようと努力します。お金の扱いは手堅く堅実。着実に財を成していきます。

本音の感情は抑え、頭の中で組み立てたシミュレーション通りに、自分のペースで恋愛を進めようとする傾向があります。宿命的に「理想の母（父）・妻（夫）・いい嫁（婿）」になろうと努力するタイプ。子育てには熱心で、教育への投資や努力も惜しみません。

★前世のカルマ ≫ すべてを完璧にこなそうとするのは、あなたの宿命の悪いクセ。周りの期待に応えようとする責任感が強過ぎて、自分を責めたり裁いたりしがちです。頭の良い勉強家だけに、「上から目線」で人をバカにする傾向も。何事も先読み、裏読みしてしまうため疑心暗鬼に陥り、自分の物差しや損得勘定に合わない人や現象を認めることができません。今生はもう少し肩の力を抜いて、人生を楽しむ余裕が必要なのでは？

★あなたの前世・過去生 ≫「戦国時代の大僧侶」

政治家、宗教家、医者、学者など、インテリで社会的に高い地位に就いていた過去生が。前世は、戦国時代の大僧侶。大名の指南役として、影の権力を握って君臨《くんりん》していました。

19日生まれ ≫ 1 グループ

高い視野から、全体を俯《ふ》瞰《かん》して見られる「完璧主義タイプのリーダー」

★生まれもった宿命≫リーダーとしての宿命をもっていますが、それをあからさまに出すことは嫌がります。リーダーになるにしても、自分から名乗り出るのではなく、推薦されて仕方なくというスタイルを望みます。人当たりはよく、穏やかで温厚な性格です。目立ちたがり屋の面もありますが、面倒見もよく、周囲からの評価も高い、しっかり者です。見えないところで人一倍、努力もしていますが、それを決して表に出そうとはしません。

　知識欲が旺盛で頭もよく、常に完璧を目指します。秘めたるプライドは非常に高く、自分にも他人にも厳しいのは、もって生まれた宿命の特徴でしょう。全体を俯瞰して見られる視野の広さ、視点の高さ、時代を読む力をもち、物事の全体像をつかむのがうまく、得意。いつの間にか自らの夢やビジョンを実現してしまう強運の持ち主。バランス感覚は抜群で、さまざまな人の意見を聞きながら、上手にまとめていく調整型のリーダーです。

★宿命にみる仕事・金運・恋愛≫バランス感覚に優れており、周囲の意見をよく聞いて、全体を調整する「まとめ役」的な存在として、高い評価を受けるでしょう。大企業の管理職など、大人数をまとめるチームリーダーが適役。堅実で力強い金運の持ち主。一発長打はありませんが、着実に財を成していく安定した金運を宿命としてもっています。

好きになった相手のすべてを把握しておきたいと思うタイプです。大胆さと繊細さを併せもっており、二重人格的な宿命が出やすくなります。宿命的に人生設計の中に、ちゃんと結婚を組み込んでおり、結婚後も「良い妻・良い夫」をしっかり演じられます。

★前世のカルマ ≫普通のおつき合いをしている分には、人当たりもソフトなとても「いい人」です。しかし隠れたプライドはかなり高く、外側に見せている部分と内面とのギャップはかなり激しいタイプ。プライドを傷つけてしまうような地雷を踏むと、一瞬で態度が豹変《ひょうへん》する可能性もあります。プライベートな席であっても、その言葉や態度を冷静に観察していて、それで評価がガラッと変わってしまう怖さがあるのも、カルマのせいかも。

★あなたの前世・過去生 ≫**「ネイティブ・アメリカンの部族の長老」**

リーダーの中でも権力者や支配者ではなく、学者や役人、政治家タイプ。前世ではネイティブ・アメリカンの部族の酋長《しゅうちょう》として、問題を常に話し合いで解決しようとしました。

20日生まれ ≫ 2/11グループ

人々のご縁をつなぐ、愛されキャラの「面倒見がいいサポーター」

★生まれもった宿命≫そこにいるだけで、その場に調和と安らぎがもたらされる「癒し系」としての宿命をもっています。温厚で穏やか。気配り上手で、面倒見のいい「愛されキャラ」です。いい人過ぎて、頼まれごとを断れず、困ってしまうこともしばしば。それでも相手を恨んだり、悪くいったりしないのは、宿命の賜物。男女を問わず、女性性が強く、自己主張は苦手。縁の下の力持ちとして、調整役やサポーター役に徹するタイプです。

争いを好まず、ケンカの仲裁やもめ事の調停役などはピッタリ。あなたがそれぞれの言い分を聞いてあげるだけで、争いも丸く収まるでしょう。柔和《にゅうわ》な人柄で、誰に対しても分け隔てなく、やさしく親切に接することができるので、周囲からの評価は非常に高く、特に目上の人やリーダーからは可愛がられます。常に控えめで、出しゃばり過ぎず、過度な自己主張もせず、周りとの調和を優先して行動できる「できた人」です。

★宿命にみる仕事・金運・恋愛≫組織の中では潤滑油《じゅんかつゆ》のように、目立ちませんが、なくてはならない存在です。そこにいるだけで、「助かる、癒される」と評価されるのは、宿命の賜物。金運はニュートラル。つき合う相手次第で、金運も大きく変化するのが特徴です。

　恋愛においては、相手に尽くす宿命が強く出ます。好きになったら、相手のことだけを考える、一途で従順なタイプです。結婚願望も強く、結婚向きの宿命をもっています。「良妻賢母」「内助の功」という言葉がピッタリ当てはまり、男性なら「専業主夫」や「育メン」タイプ。子どもを授かると溺愛《できあい》し、過保護なほど可愛がることになるのも、宿命的。

★前世のカルマ≫何かにつけて、よく迷います。食事のメニューなど、些《さ》細《さい》なことでもなかなか決められず、決めてからでも後悔するのは、カルマのなせるワザ。本当は寂しがり屋で甘えん坊ですが、本音を隠して強がったりするので、ストレスを溜め込みがち。宿命的に二面性をもっており、振り切ると大胆な裏切りや背徳的な行為に走ることも。身近な相手に主導権を渡し、言いなりになってしまう、依存的な傾向も出やすいので要注意。

★あなたの前世・過去生≫**「オアシスを守る砂漠の女房」**
　皇后、王妃、秘書、乳母、後見人、助言者など、女性的なナンバー2としての過去生が。前世では砂漠のオアシスを守る女房として、夫の帰りをひたすら待っていた苦い記憶が。

21日生まれ ≫ 3 グループ

ちょっぴりシャイで、はにかみ屋さん
愛くるしい「照れ屋の子ども」

★生まれもった宿命≫宿命的に明るく元気な子どもの性質をもっていますが、ちょっぴりシャイで、恥ずかしがり屋の可愛らしい女の子タイプです。基本、受け身で、女性的な細やかな気遣いや、さり気ないやさしさの持ち主です。純粋でピュアな性格は、ウソやごまかし、大人の事情などは理解できません。しっかりした軸をもっていますが、相手や周囲の状況に配慮して、自分の気持ちを抑える奥ゆかしさがあるのも、宿命の特徴です。

小さな命、子どもやペット、動植物を可愛がり、守ってあげたいという母性本能が強いタイプ。争い事は好まず、常に全体の調和を考えながら、行動できます。初対面の場合、打ち解けるまでにやや時間を要しますが、気心が知れて仲良くなると、本来の子どもの性質が全開し、急に弾けるような傾向も。アートな感性をもち、発想が柔軟で創造力も豊か。あなたに合ったクリエイティブな表現方法が見つかると、一気に才能が開花するでしょう。

★宿命にみる仕事・金運・恋愛≫仲間と力を合わせて、新たなモノを生み出していく仕事が向いています。サポーター的立場のムードメーカー。金運は堅調ですが、つき合う人や周りの環境によって、金運の波が大きく変動するのは、宿命的に避けられないかも。

恋愛では受け身の性質が強調され、「愛する」より、「愛されたい」タイプ。一途ですが、相手に強く迫られると断り切れないのは、宿命の影響でしょう。パートナーとは常に一緒にいて、甘えたいタイプで、ペアルックなども大好き。子ども好きで、結婚願望も強く、「理想の家族」を作ることに強い思い入れがあり、そのための努力も惜しみません。

★前世のカルマ≫ 迷いが出やすく、なかなか決断できないのは、カルマの影響かも。恥ずかしがり屋で、寂しがり。本音を隠すクセに、誰も自分の気持ちをわかってくれないと、悲劇の主人公を演じることも。甘えん坊で、誰に対してもいい顔をしようとしますが、困ったことがあるとすぐに他人を頼り、責任転嫁して現実逃避したりするような傾向も。自分の身に起きたことはすべて、自分の責任であると潔く覚悟することが大切です。

★あなたの前世・過去生≫「古代インカの音楽家」

音楽家、画家、彫刻家、アーティストなど芸術家だった過去生が。前世は古代インカの音楽家。あなたの奏でる美しい音色の楽器や歌は、多くの人の癒しや幸せに貢献しました。

22日生まれ ≫ 4 グループ

大きなスケールで、世界的に活躍できる「カリスマ性がある堅実家」

★生まれもった宿命≫初対面では、清潔感のある爽《さわ》やかな「いい人」と映るでしょう。礼儀作法もキチンとしており、真面目で誠実な態度は好感度も高いハズ。しかし、あなたがもつ宿命はひと筋縄にはいきません。コツコツと努力を積み重ねていく堅実な面もありますが、胸に抱く夢やビジョンは壮大で、そのスケールは世界規模。堅実家とカリスマという一見、相反する二重人格的な性質を併せもつのも、あなたの宿命の特徴です。

大胆にして、繊細。謙虚なのに、上から目線。慎重なのに、スケールの大きなことに挑戦する大胆さもあるなど、とらえどころがありません。誰に対しても媚《こ》びることがないので、敵が多くなるのも宿命的。何をやっていても、小さな世界で収まることはない、不思議な魅力をもつカリスマタイプです。特に海外との縁が深く、日本国内よりも海外に出た方が、伸び伸びと実力が発揮でき、周りの評価もより高くなる宿命をもっています。

★宿命にみる仕事・金運・恋愛≫宿命的に、スケールの大きな仕事を成し遂げられる器の持ち主。国内に留まらず、海外でも活躍できるだけのスター性やカリスマ性を生まれながらにもっています。金運のスケールも並はずれて大きいのが宿命の特徴。大好きなことを仕事にすれば、一代で巨万の富を稼ぎ出すだけの才能とパワーの持ち主です。

恋愛面では、「王様・女王様」キャラが全開に。相手を厳しく支配する「Sっ気」が出やすくなるでしょう。結婚に至るまでは二転、三転の大恋愛の末という波乱万丈な宿命が。外国人と結婚して、海外に住む可能性も大。ずっと家庭だけに収まることはありません。

★前世のカルマ≫ 根は真面目ないい人ですが、周りに媚びたりしないので、好き嫌いがはっきり分かれるのは、宿命的に避けられません。傲慢でエラソーな印象をもたれて、いじめの対象になることも。ただ、いい人のままでは大成しないので、嫌われる勇気をもつことが大切。「上から目線」の大胆発言で、ひんしゅくを買うかもしれませんが、有言実行すれば、問題なし。カリスマとしての生き方を貫き、小さくまとまらないことが重要です。

★あなたの前世・過去生≫「ロシア帝国の女帝」

間違いなく王や女王など、支配者層に君臨していた過去生が。前世はロシア帝国時代の女帝。庶民《しょみん》感覚が理解できず、横暴《おうぼう》な言動が多くなり、やがてその座を追われることに。

23日生まれ ≫ 5 グループ

**柔軟で、臨機応変に変化する
しなやかで「バランス感覚のいい自由人」**

★生まれもった宿命≫あなたの宿命はズバリ！人の中でこそ活かされます。流れる水のような、「しなやかさ、やわらかさ」が特徴の自由人。世間の常識や古い慣習に縛られず、自由な生き方を貫きますが、周りからは憎まれない不思議な魅力の持ち主。自然に人を惹きつける魅力があり、誰とでもすぐに打ち解け、オープンなおつき合いができます。

幼い頃から人当たりが良く、社交的。コミュニケーション能力も高く、話を引き出すのがうまい聞き上手。相手が誰であっても、その場の雰囲気を察知し、臨機応変に対応できる柔軟性は、宿命の賜物。交友関係は幅広く、相手に応じて人格を使い分ける器用さも。パーティーのホスト、ホステス役、水商売や接客業などのセンスは抜群。ご縁をつなぐ「出会いの場」を演出したりするのも得意。大勢の人の中をしなやかに動き回り、さまざまな話題を振りまき、場を盛り上げる才能は、まさに天から授かった宿命の賜物です。

★宿命にみる仕事・金運・恋愛≫どんな仕事でも器用にこなし、職場にサラリと溶け込めるのは、もって生まれた宿命のお陰。流行を見極める目は確かで、センスも良いので、新たなブームを生み出す「陰の仕掛け人」になる可能性も。女性の場合は、つき合う相手の金運を増幅する「あげまん」タイプ。金運はつき合う相手次第で大きく変化します。

恋愛ではその傾向がさらに強くなり、相手次第で全く違うタイプに変身することもできるハズ。結婚後は場面によって、変幻自在にキャラを変えて、臨機応変に対応します。ただ変身願望が強いため、家族には内緒で全く違う顔をもち、ストレス解消を図る可能性も。

★前世のカルマ≫周りを振り回すトラブルメーカーになりがち。身近な相手からの影響を受けやすく、相手次第では単なる優柔不断でワガママな人になってしまう可能性も。自由と変化を好むあまり、感情の起伏が激しくなり、気まぐれな気分屋に。寂しがり屋で、情緒不安定に陥りやすいのも、カルマの影響かも。迷うクセに、衝動買いも多くて、後悔することも、しばしば。部屋が片づけられないのも、宿命からくるカルマの影響が大。

★あなたの前世・過去生≫「スペインのフラメンコダンサー」

前世は、中世スペインで生きたフラメンコダンサー。歌と踊りを愛し、恋に仕事に自由奔放《ほんぽう》に生きた記憶があるため、今生でも一か所に留まっていられないのは、その名残かも。

24日生まれ ≫ 6グループ

人の助けになりたいと願う
ロマンチストで「協調性に優れた先生」

★生まれもった宿命≫やさしく実直な先生タイプの宿命です。常に周りのことを思いやり、どうすれば、「みんなが仲良くできるか」「みんなの役に立てるか」を考えて、行動します。場の空気に敏感で、よく気がつく、気配り上手。責任感も強く、頼まれ事は断れません。みんなの喜ぶ顔が見たくて、ひとりでもコツコツと細かい作業を続けられるのは、宿命の賜物。陰に回って、周りのサポート役を好んで引き受ける協調性が特徴です。

穏やかな性質ですが、ウソやごまかし、不正や不公平、法律やルール違反は、小さなことでも見逃しませんし、許せません。また非常に堅いところのある常識人で、融通は利きません。安定志向で、細かいところが気になる完璧主義の一面も。何事もいい加減に済ますことはできない几帳面な努力家さん。世界平和など、自らの理想の世界の実現を、本気で夢見るロマンチストで、乙女チックな一面があるのも宿命的な魅力のひとつです。

★宿命にみる仕事・金運・恋愛≫人と関わる中でこそ、仕事の才能が発揮されます。教え上手で、関わる相手の才能を引き出す能力もあるので、先生や講師業、プロデュース業も◎。人助け優先なので、大儲けは期待薄ですが、大崩れもしない安定した金運の持ち主。

　恋愛面では、お世話焼きの性質が強く出るため、年下好みの典型的な世話女房タイプ。「恋愛＝結婚」「セックス＝子作り」という意識が強いため、重い恋愛になりがち。結婚願望が強く、ひとりと一生添い遂げたいと願うタイプ。家庭をとても大事にする、「良き母、良き父」となる宿命の持ち主で、子どもができると男女の関係はほぼなくなるかも。

★**前世のカルマ**≫一見わかりにくいのですが、宿命的に非常に堅い性質をもっています。自分の中に確固たる正しさ、譲れない頑固さ、強いこだわりをもっています。自らが真面目で潔癖《けっぺき》な分、相手に対しても同じ誠実さを求めます。正義感が強く、不正や不公平は絶対許せない正義の人。礼儀知らず、非常識、ルール違反など、約束を守らない相手を責めたり、裁いたりして、厳しく接してしまうのは、カルマ的に避けられないかも。

★**あなたの前世・過去生**≫**「フランス革命時代の修道士」**

　規律の厳しい学校、寮、修道院などで働く、教師やお世話係の過去生の記憶が。前世はフランス革命時代の修道士。貧しい人々を守るため、献身的に働く心やさしい人でした。

25日生まれ ≫ 7グループ

細部にこだわるアーティスト
繊細な感性をもつ「芸術家肌の職人」

★生まれもった宿命≫「頑固職人」グループですが、細部にこだわりをもつ、洗練されたアーティストタイプです。バツグンのセンスと独自の感性で生み出す作品を通じて、個性的な世界観を表現するという宿命をもっています。完璧を目指す努力家で、中途半端な妥協は許さず、自らの最高のパフォーマンスを常に追い求めます。いつも沈着冷静。人一倍、勉強熱心で勤勉ですが、がんばっている感を表に出すのはあなたの美学に反します。

　頭の良い切れ者で、自分のスタイルは明確です。他人との比較に興味はなく、自分で決めた目標をクリアすることを自らに課す、自分に厳しい理想主義者です。宿命的にひとりを好みますが、コミュニケーション能力も高く、空気を読んだ気遣いも自然にできる「しなやかさ」ももっています。幼い頃から自立した大人の雰囲気を身につけていますが、内面は繊細で、傷つきやすいガラスのハートをもっているのも宿命のなせる業です。

★宿命にみる仕事・金運・恋愛≫ズバリ！「職人気質のアーティスト」という宿命の持ち

主。努力は怠《おこた》らず、妥協せず、常に完璧を求める姿勢は、ひとりでやるフリーランス向き。金運は堅調ですが、宿命的に高いプロ意識をもっており、「お金のために仕事をする」というタイプではありません。納得する仕事ができれば、あとからお金はついてきます。

生まれながらに神秘的な雰囲気を漂わせ、その陰の部分が不思議な魅力となって、異性から注目されます。めったに本音を明かさないタイプですが、打ち明けられる相手がたったひとりでもいると救われます。結婚しても、ひとりになれる時間と場所は必須です。

★前世のカルマ》》二重人格的な傾向が出やすいカルマをもっています。一見、クールで自立した大人ですが、内面は繊細でかなり神経質。周りの人や環境の影響を受けやすく、感情面で不安定になりがち。ひとりでがんばり過ぎると、引きこもりや躁鬱的《そううつてき》な傾向が出やすくなる宿命なので要注意。何事も自分ひとりでなんとかしようと思わず、信頼できる相手に本音を打ち明け、相談するなど、心身のバランスを整えるよう、心がけましょう。

★あなたの前世・過去生》》「中世ヨーロッパの隠れ魔女」

画家、彫刻家、音楽家、陶芸家、手工芸職人、芸術家などの過去生の記憶が。前世は中世ヨーロッパの隠れ魔女。多くの人を助けていましたが、やがて魔女狩りに遭《あ》うことに。

26日生まれ

8グループ

気はやさしくて、力持ち
家族や友達想いの「心やさしいファイター」

★生まれもった宿命 » 明るく温かい人柄で、気はやさしくて、力持ち。友達思いで熱きハートをもつファイターです。ファイターといっても争い事は好まず、何事にも手を抜かず、常に情熱的に全力でチャレンジしていく宿命の持ち主。小さなことは気にしない、大らかな性格で、ムードメーカー的な存在。ただし、巨悪や不正は見逃せない正義感の強さも宿命の特徴。義理人情に篤く、誰からも愛され、親しまれ、友人や仲間も多い人気者です。

自分のことよりも、愛する家族や大切な仲間など、大切な人のためなら、どんな困難でも果敢に挑戦していくやる気とバイタリティの持ち主で、周囲がビックリするくらいのパワーを発揮します。誰に対しても気さくに接し、周りの面倒見も良く、ご馳《ち》走《そう》するのが好きな太っ腹。みんなと一緒にがんばるのが好きなのも、あなたの宿命の特徴です。周りから頼りにされて、常に忙しく走り回っていますが、本人はそれを楽しんでいるかも。

★宿命にみる仕事・金運・恋愛 » 生涯、仕事と関わっていく宿命の持ち主です。職場の人気者で、サービス業など、人と直接、触れ合う仕事で、その才能が発揮されるでしょう。恵まれた金運の持ち主で、お金儲けの才能もバツグン。ただし、貯金は苦手。義理人情に訴えかけられると断り切れず、ついお金を貸してしまって、戻ってこないことも。

恋愛好きで、好きな相手に尽くしたい気持ちが強くなり、やり過ぎてしまう傾向が。家族想いで人一倍、家族を大切にしますが、仕事もやめられません。仕事と家庭の両立に悩むのも、宿命のなせる業。とにかく忙し過ぎて時間が足りず、そのしわ寄せは家族に。

★前世のカルマ≫八方美人的な宿命があり、誰にでもいい顔をして、安請け合いをする傾向が。結局、約束が守れず、最終的に周りに迷惑をかけることになりがち。おせっかい焼きで、頼まれていないのにもめ事に首を突っ込み、引っかき回してしまうような傾向も。元々パワフルなので、巻き込み力は想像以上。最初は小さな問題が、あなたが関わることで雪だるま式に問題が拡大していくトラブルメーカーのカルマもあるので、要注意。

★あなたの前世・過去生≫**「ムガル帝国の王女」**

学校・ホテル・飲食店経営などの、商売をしていた過去生の記憶が。前世は中世インド地方、ムガル帝国の王女様。国を繁栄させるべく、貧しい人たちと一緒に汗を流しました。

27日生まれ ≫ 9グループ

人の見ていないところでも努力する
常に冷静な「気高い優等生」

★生まれもった宿命≫幼い頃から大人びた性格で落ち着いており、慌てたり、感情的になって取り乱すようなことがないのは、宿命の賜物です。常に控えめで、一歩下がって、みんなが喜ぶ姿を少し離れたところから見て、ひとり静かに微笑んでいるという大和《やまと》撫子《なでしこ》タイプ。礼儀正しく、気品があり、誰もが安心してつき合えます。聡明で博識。先見性もあり、長期的な視野に立って、物事を進めていく計画性や実行力も兼ね備えています。

人の役に立ちたいという強い思いはありますが、自分が目立つことは慎《つつし》み、陰に回って身近な人をサポートしたり、プロデュースしたりする方を好みます。自分の意見やスタイルはキチンともっており、精神的にも自立しています。デリケートで繊細な感性の持ち主で、スピリチュアルな才能もありますが、自分を見失うようなことはありません。周りの人の能力や状況を冷静かつ客観的にみており、その分析力や観察眼は群を抜いています。

★宿命にみる仕事・金運・恋愛≫豊富な知識と鋭い観察眼、創造力と現実的な実行力を併せもち、時代の流れを創っていく「陰の仕掛け人」「名プロデューサー」としての宿命をもっています。金運自体は堅実ですが、お金だけで評価されるのは嫌い。宿命的にボランティアなど、社会貢献活動に興味があり、NPOなど奉仕とビジネスの両立を夢見ています。

恋愛においては、基本的に奥ゆかしく「待つ」タイプ。相手から強く迫られると断り切れずに、不倫や三角関係に陥ってしまうことも。理想の夫婦・家族像を実現するため努力します。一見、「良妻賢母・マイホームパパ」ですが、真の本音は家族にも明かさないかも。

★前世のカルマ≫勉強好きで、知的好奇心も旺盛なので、ややマニアックなおたく的傾向が出るのは、宿命の影響です。秘めたるプライドや気位は相当高く、自分がバカにされるのは許せない反面、初心者や知識の浅い人をバカにして、切り捨てる非情さがあるのも、カルマの影響。感受性が強く、感情のバランスを崩すと、無価値観や罪悪感などを感じやすく、社会から距離を置き、自分の世界に引きこもってしまう傾向があるので要注意。

★あなたの前世・過去生≫「幕末の町医者の娘」

過去生ではシャーマン的要素も兼ね備えた宗教家、医者、天文学者などの経験が。前世は幕末の日本で、維新の志士を陰で支える町医者の娘として、彼らを懸命に助けました。

28日生まれ ≫ 1 グループ

義理人情に篤く、お世話好き
仲間思いの「気前がいいリーダー」

★生まれもった宿命≫確かにリーダーとしての宿命をもっていますが、自分だけが目立とうとするタイプではありません。自ら先頭に立って引っ張っていくというより、チームの中心にいて、現場で一緒に汗水たらす、「熱血キャプテン」タイプです。温厚で気立てのよい、がんばり屋さん。何事にも一生懸命、全力でぶつかる情熱家です。仲間とともに、目標に向かって努力し、勝利を分かち合うことに喜びを感じるのは、宿命の特徴です。

　常に仲間のことが気になり、つい手出し、口出ししたくなる、おせっかいな性格です。慕ってくる相手に対しての面倒見が良く、お金が入ると気前よく、おごってしまう大らかな面も。面倒なことでも、頼まれると断り切れず、リーダーとしての非情さに少し欠ける、気持ちのやさしさも過去生から引き継いだ宿命の賜物です。ある意味、リーダーになり切れないところが特徴の、義理人情に篤い「愛されキャラ」のリーダーです。

★宿命にみる仕事・金運・恋愛≫「熱血キャプテン」としての宿命が、最も強く出るのがお仕事において。チームを一丸にまとめて、目標達成のために努力し、着実に成果をあげます。宿命的にひとりでやるより、みんなでやる方が金運にも恵まれます。チーム全体で大きく稼ぐ力があるので、分配方法さえ間違えなければ、生涯お金には困りません。

恋愛になるとガラッと変わって、好きな相手の前だと途端におとなしくなり、主導権を握ることができません。早めの結婚で家庭をもち、子どもを授かることで、人生も安定します。あなたが家族の太陽となり、家族を最高のチームに仕上げていくのが喜びです。

★前世のカルマ ≫ 面倒見の良さも裏を返せば、おせっかい焼きであり、相手に対して依存的な傾向が出やすくなるのは否めません。「あなたのため」と言いながら、恩を売ることで相手を支配したり、コントロールしようとするのは、カルマの影響かも。宿命的な「チーム愛」も度が過ぎると、「仲良しごっこ」になるだけ。相手に対して世話を焼いたり、リーダーシップを発揮する前に、あなた自身がまず自立することを忘れない姿勢が大切です。

★あなたの前世・過去生 ≫「大家族を支えるカントリーマザー」

チームキャプテン、やくざの親分、下宿屋の女将《おかみ》、孤児院の院長など、世話好きの過去生が。前世は、大家族を支える西洋版「肝っ玉母さん」として、頼りになる存在でした。

29日生まれ ≫ 2/11グループ

普段は目立たず、ミステリアス
ここぞという時には「頼りになるサポーター」

★生まれもった宿命≫どことなくミステリアスで神秘的なオーラを漂わせ、独特の雰囲気を身にまとうカリスマとしての宿命をもっています。温和で争いを好まず、全体を見渡す広い視野と深い智恵、思《し》慮《りょ》深さなどをもって生まれてきています。控えめな性質ですが、人を惹きつける不思議な魅力をもち、周りから何かと頼りにされるしっかり者。悩み事の相談を受けたり、もめ事の調整役や仲介役を頼まれたりするのも、宿命の影響でしょう。

自己主張はしませんが、頭の回転も速く、自分の考えをキチンともっています。宿命的に早熟の傾向があり、大人っぽい性格です。どちらかといえばサポータータイプですが、全体をまとめていく実力や人望もあるので、周りから押されて、調整型のリーダー役を担うことも。理屈では割り切れない、ユニークな宿命の持ち主。めったに本音を出すことはありませんが、時々、核心をズバッと突く発言をして、周囲をアッと驚かせることも。

★宿命にみる仕事・金運・恋愛≫高い知識やスキルをもち、人当たりも柔らかく、大きな組織の中では、重宝されるオールラウンドプレイヤー。誰と仕事をするのかで、仕事運、金運が大きく左右されます。金運自体はニュートラル。お金儲けにはあまり興味がなく、浪費もせず、堅実。大切な人の成功をサポートすることで、自らの金運もアップします。

宿命的には相手のためを思って、かいがいしく尽くす恋愛優等生です。好きになった相手を喜ばせたい、笑顔にしたいと精一杯、努力します。結婚後は、家族の中で求められている自分の役割を理解し、キチンとこなそうと努力する真面目な家庭人になるでしょう。

★前世のカルマ ≫ 宿命的に親や周りの期待に応えようとする気持ちが強く、自分の本音を抑え込んで、「いい人」を演じようとして疲れ果ててしまう傾向が。周りから期待されている自分と本当の自分との間にギャップがあり、二重人格に陥りやすいのもカルマのせい。無理して「いい人」を演じていると、その反動で、相手が一番、気にしている弱点や急所めがけて、毒舌を放ち、強烈なダメージを与えてしまう場合もあるので、要注意。

★あなたの前世・過去生 ≫「砂漠の街の占い師」

権力者に仕えるシャーマン、巫女、魔術師、魔女、占い師などのアドバイザー役の過去生が。前世はよく当たると評判の、街の占い師として、生涯、人の未来を占っていました。

30日生まれ ≫ 3グループ

素直で、チャレンジ精神旺盛
隠し事ができない「自由奔放な子ども」

★生まれもった宿命≫「0」によって、「3」の子どもの性質が、さらに拡大された、明るく元気な「永遠の少年・少女」タイプ。いくつになっても無邪気な子ども心を失いません。未知のものに対する好奇心は人一倍、旺盛。怖いもの知らずで、ここ一番での瞬発力や集中力はバツグン。失敗を恐れず、何事にも積極的にチャレンジしていく突撃精神は、宿命の賜物。直感力も鋭く、物事の本質を一瞬で見抜く才能があり、ウソは通用しません。

　裏表のない素直な性格で、いたずら心やユーモアのセンスもある人気者。喜怒哀楽や感情が顔や態度に、はっきりと出てしまうため、隠し事ができないのも宿命のなせる業《わざ》。それでも邪気がないので、憎まれない得な性格です。何事も熱しやすく冷めやすく、好き嫌いの好みもはっきり。過去は振り返らず、立ち直りや切り替えの早さも特徴です。誰とでもすぐ仲良くなれる社交的な性質で、あっけらかんとした快活さも宿命のお陰でしょう。

★宿命にみる仕事・金運・恋愛≫好きなことが、そのまま仕事になる宿命の持ち主。遊びと仕事の境がなく、楽しく仕事をするほど、より成果が出ます。潜在的な金運は非常に高く、大好きなことを仕事にすれば、一気にブレイクして、巨万の富を手にすることも。

恋愛面においては、意外に奥手。仲の良い異性の友達はたくさんいますが、そこから恋愛関係に発展するのは……。「白馬の王子様」を夢見て、ずっと待ち続ける、ロマンティックな一面は宿命の影響でしょう。結婚後は家事全般、育児、子育てなど、なんでも面白がる才能を発揮して、家庭生活のすべてを「遊び」に変えて、エンジョイします。

★前世のカルマ≫かなりのワガママですが、自覚症状がないのは、宿命のせいかも。喜怒哀楽の感情がストレートで、飽きっぽく、落ち着きがなく、何事もガマンできないのはカルマの特徴。自分の思い通りにならないと、かんしゃくを起こしたり、ダダをこねたり。困難に直面すると、その場しのぎの見え透いたウソや言い訳をして、誰かに責任転嫁したり、逃げ出すような傾向も。それらは宿命の影響だと自覚して、改善していきましょう。

★あなたの前世・過去生≫**「古代マヤの発明家・大道芸人」**

旅芸人、ダンサー、役者、音楽家、芸術家などの過去生が。前世は古代マヤ時代に生きた発明家であり、大道芸人。常に新しいアイディアとユーモアで人々を驚かせていました。

31日生まれ ≫ 4 グループ

人当たりがよく、好感度の高い
「いつもニコニコしている堅実家」

★生まれもった宿命≫ いつもキチンとしている、実直な宿命の持ち主です。誰に対しても分け隔《へだ》てなく、気さくに接し、温和に丁寧に接する姿は、好感度バツグンのいい人です。責任感の強いしっかり者で、頼りがいもありますが、はにかみながらニコッと笑うと、子どものような可愛らしい笑顔になるのが特徴です。宿命的にとても素直で、人を疑うことを知らず、何事に対しても真正面からぶつかっていく、「バカ」がつくほどの正直者。

好奇心旺盛で、目に見える資格を追い求める「資格マニア」の一面も。曲がったことは許せず、間違いを見つけては、それを正そうとする正義感の持ち主です。人当たりはソフトで礼儀正しく、真面目で誠実。両親や先生、上司など、目上の人から言われたことはそのまま受け取り、冗談は通じません。自分が納得して決めた約束やルールはどんなことがあっても、真面目に守ろうとする律儀な性質も、宿命のなせる業です。

★宿命にみる仕事・金運・恋愛≫ 宿命的に「守る」仕事が向いています。四角四面の堅物ではなく、義理人情に篤く、面倒見のよいタイプなので、組織の中では重宝されて、確実に出世するでしょう。お金の管理は得意で、金運の浮き沈みも少なく、着実に財を成すタイプ。収入に見合った堅実な家計管理で、安定した生活スタイルを確立していきます。

純粋で一途な宿命の持ち主。異性に対しては恥ずかしさの方が先に立って、自分の気持ちを正直に打ち明けることができません。結婚すれば、間違いなく「理想の家庭人」になるタイプ。ただし、結婚すると、パートナーを異性として見ることができなくなる傾向が。

★前世のカルマ≫すべての物事を「良い・悪い」「正しい・間違い」という、単純な二者択一で判断し、自分の正しさで人を断罪してしまうのは、カルマの悪いクセ。初めてのもの、未知のものに対する拒絶反応が強く、世界が狭くなりがち。約束破りやルール違反、法律違反などは、問答無用で断罪する頑固者です。自分勝手な決めつけや断定が多く、自分のルールを他人に押しつけようとするのも、カルマの影響なので要注意です。

★あなたの前世・過去生≫「ロシア政府の特殊警察」

勤勉な農夫や役人、お城などの巨大な建造物を作る職人だった過去生の記憶が。前世は、中世ロシアの特殊警察。国が決めたルールを守らない人を厳しく取り締まっていました。

「帝王切開」でも、「生まれる日」の決定権は、赤ちゃん側にあった!?

私たちは自分の意志で、「生まれる日」を決めて、この世に生まれてきます。なぜなら、「生まれる日」こそ、生まれる側の私たちに選択権があるから。お母さんがどんなに早く生まれてきてと願っても、赤ちゃんにその準備ができていなければ、この世に誕生することはありません。それだけに「生まれた日」に対して、私たちは強い思い入れがあり、自分のラッキーナンバーとして、好んで使っている人も多いハズ。

では、「帝王切開」で生まれてくる場合は、どうか？　お医者さんの都合で、そうなったと思っている方もおられるかもしれませんが、それは違うかも。「帝王切開」とは元々、「帝王（王様・皇帝）」を迎えるための分娩方法だったとか。彼ら「帝王」は先に、誕生日が決まっており、「その日」に赤ちゃんを取り出すために、あえて「帝王切開」という手法が用いられたという説もあるのです。

つまり、「帝王切開」で生まれた赤ちゃんは、自らの潜在意識で「その日」を選び、どうしても「その日」に生まれたかったため、「帝王切開」という方法を採用して、この世に誕生してきたのです。そうした犠牲を払ってまで、「その日」がよかったということ。ぜひ、そんな意識で、自分の誕生日をもう一度、見直してみてはいかがでしょうか？

第２章

あなたの現在・
隠れた才能や本質を表す

運命数

「運命数」とは……？

「はづき数秘術」において、今生の人生の中核を形成し、その人の運命のカギを握る最も重要な数字として、位置づけられます。西暦の生年月日をすべて単数にして、1桁になるまで足し合わせて算出される「1〜9」の9通りの数字と、次ページの計算式で得られる「11・22・33」という2桁のゾロ目で構成される、3つの「マスターナンバー（聖なる数字）」とを合わせた、12パターンに分類されます。

「生まれた日」で診る「宿命数」という土台の上に、積み重ねられるように存在し、人生の中盤（およそ28歳以降）から開花する「第二の人格」を表します。この「運命数」の活かし方が、あなたの運命を大きく左右することになります。「運命数」は元々、自分の中に「在る」才能として扱いますが、周りからは見えにくく、それを意識的に活用している人は、限られています。それゆえ、この「運命数」の特徴・才能をポジティブに発揮できるのか、それともネガティブな部分だけが強調されてしまうのかが、まさに運命の分かれ道となるのです。本書を通じて自らの「運命数」を知り、その特徴・才能を活かすことで、自分らしさがさらに輝き、運命の波にのっていくことができるようになるのです。

[運命数の計算方法]

あなたの生年月日（西暦）の、それぞれの数字を、下記のように足し算します。その答えが**11・22・33**であれば、それがあなたの「運命数」です。それ以外は、合計が1桁になるまで、1桁と2桁の足し算をくり返します。

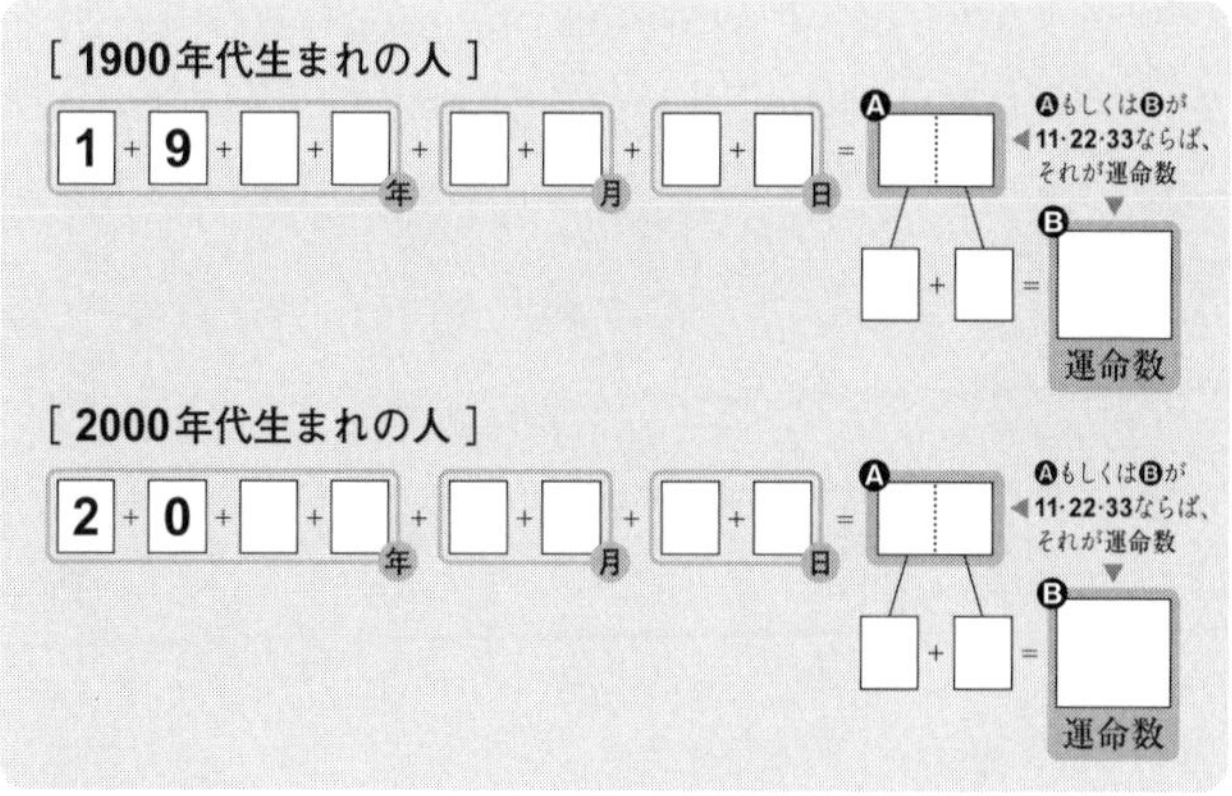

Examples

例1

1+9+7+6（年）+0+3（月）+2+1（日）= Ⓐ 29

2+9 = Ⓑ **11** 運命数

例2

1+9+8+3（年）+0+7（月）+1+5（日）= Ⓐ 34

3+4 = Ⓑ **7** 運命数

答えの2桁の数字は、さらに足し算します。
ただし、Ⓐもしくは Ⓑが**11・22・33**になった場合は、それがあなたの運命数です。

例3

2+0+0+9（年）+1+2（月）+2+3（日）= 19

1+9 = 10

1+0 = 運命数 **1**

「19」以外でも、出た答えが2桁になった場合は同じ。
例えば **39** → **3+9** = **12** → **1+2** = **3** ←運命数です。

運命数 1

あなたには道を切り拓くチカラがある！
明るく陽気な「リーダー」タイプ

★**基本的資質**≫あなたはズバリ！一番です。どこにいても自然と目立つ、太陽のような存在で、どんな分野においてもトップ、指導者、リーダーになるだけの、大きな器の持ち主です。明るく陽気。何事においても前向きで、パワフル。ピシッと一本筋が通った、揺るぎない強い信念を持っています。やる気、情熱、勇気、決断力、実行力など兼ね備え、多くの人を惹きつける魅力やカリスマ性があります。責任感が強く、指導力に優れ、人々の先頭に立って組織や集団を引っ張っていくリーダーシップを発揮できる人です。

努力家で集中力もあり、上昇志向も強い野心家。ジッとしているのは苦手。明確な目標に向かって、真っすぐ突き進んでいくタイプ。「選択するチカラ」こそ、あなたの最大の武器であり、特徴。自らの手で新たな道を切り拓き、チャンスをつかむ強運の持ち主です。

★**注意すべき点**≫常に自分が一番にならないと気が済まないタイプ。負けず嫌いで、強情っぱり。自分の負けや非を、素直に認めることができません。人から命令されるのは大嫌い。自信家でプライドが高く、横柄《おうへい》で威圧的。上から目線のエラソーな言動でひんしゅくを買うなど、敵が多いタイプ。せっかちで、結果を急ぎたがる、待てない性格。人の話は聞かず、勝手に相手を決めつけ、ひとりよがりになって孤立する可能性も。支配欲が強く、家庭や職場など小さな集団の中で、相手を思い通りにコントロールする「裸の王様」「嫌味な女王様」を演じてしまいがち。女性の場合、自らのリーダー性を否定していると、逆に自信なさげで委縮しまうケースも。これからの時代は人を引っ張っていくだけでなく、陰に回って周りの才能を引き出すことも、リーダーの大事な役目だと知ることです。

★性格 ≫ 何事にも白黒つけたがる、はっきりとした性格です。「良い・悪い」「好き・嫌い」が明確で、中途半端はありません。目標が定まった時の行動力、集中力はピチイチ。表裏のない、サッパリとしたわかりやすい性格で、こうと決めたら、どんな苦境でもがんばってやり遂げる意志の強さが特徴です。正義感が強く、親分・姉御肌で、面倒見の良い人情家。何事にも真っすぐで、人を疑うことを知らず、純粋でピュア。ウソがつけず、本心がすぐに態度や表情に表れます。お人好しでお調子者。おだてに弱く、騙されやすい性格です。ウイークポイントは、短気で単純なところ。頑固で融通が利かず、無鉄砲。プライドを傷つけられると感情的になり、怒りが急に爆発したりするので、要注意。

★**仕事**≫基本的に仕事好きで、成果がはっきり数字で出る仕事を好みます。どんな職業に就いても、トップになるだけの大きな器の持ち主です。指導力、決断力に加えて、困難でもあきらめずにやりぬく強い意志や精神力をもっており、大きな組織の中でも出世コースに乗って、メキメキと頭角を現してくるタイプです。わかりやすいライバルがいると、さらに燃えるでしょう。褒められて伸びるタイプなので、尊敬できる上司やメンターから期待され、正当に評価してもらえると、仕事の才能がさらに開花してきます。使われている立場から、人の上に立ちリーダーシップをとれる立場になると、さらに実力を発揮できます。まずは小さな分野からでも、一番になることを意識して挑戦してみましょう。

★**適職**≫経営的なセンスもあり、独立心も旺盛なので、ズバリ！経営者、社長、自営業者向き。目立ちたがり屋でブランド志向、上昇志向や独立志向も強いため、勤めるのなら、中小企業より、スケールの大きな大企業向き。一国一城の主以外なら、政治家や官僚、大企業の管理職、プロデューサー、ディレクターなどのマスコミ関係、発明や研究開発部門、営業セールス関係の才能もあります。飲食店など各種ショップオーナー、ファッションデザイナーや美容師、建築家など。目立ちたがり屋で、チヤホヤされるのも大好きなので、芸能人、プロスポーツ選手、講師・先生業なども向いています。

★**金運** ≫ 自らの才能とアイディア、腕一本の実力で、ゼロから一代で巨額の富を生み出すだけの潜在能力と可能性を秘めています。富と名声を磁石のように引き寄せられる、強いエネルギーの持ち主。金額や期限が決まるとさらにやる気が湧くタイプなので、具体的な目標設定をすると、願望実現が加速します。周りに感化されやすいタイプなので、身近にお手本となる憧れの成功者がいると、その影響を受けて自らの金運も向上するハズ。

ただし、おだてに弱いタイプなので、うまい儲け話や借金の保証人、投機やギャンブルなどには注意が必要。稼ぐ才能がある反面、金使いも派手で荒くなりがち。感情面が乱れると生活が荒れて、お酒やギャンブル、買い物などに依存して、盛大に浪費する傾向も。

★**恋愛** ≫ 若い頃から人目を惹きつける華やかなオーラを身にまとっており、スター性や人気運があり、大勢の人から注目され、愛される傾向があります。見た目の派手な印象とは違い、純粋で一途。三角関係や中途半端なカタチで恋愛に陥ることはなく、一度好きになったら、脇目もふらずにトコトン追いかけるという情熱的な面も。一生の内で、そうたくさんの恋をするタイプではなく、人生をともに歩むパートナーを真の恋人として求める傾向が強く出ます。そのため離婚や失恋を経験すると、その痛手を引きずり、立ち直るまでにはかなり時間がかかるでしょう。プライドが高く、パートナーには絶対忠誠を求めるため、相手の心変わりや裏切りは許せず、激怒してすべてを破壊してしまう可能性も。

★**SEX** ≫男性なら一本気な性格そのままに、正面から正攻法で攻めるタイプ。ムードを高めたり、前戯に時間をかけたりするタイプではなく、最短コースでフィニッシュに向かって一直線。それだけにワンパターンで、ひとりよがりなセックスに陥る傾向が大。

女性の場合は、セックスには淡白になりがち。男性に服従するというセックス観が強いと、セックスを嫌悪してセックスレスになったり、強い女を演じて男性を遠ざけてしまう傾向も。反面、年下の若い男性にセックスの手ほどきをするなど、女性上位になると燃え上がる可能性も。いずれにしても、セックスは男女の勝負の場ではないので、ご注意を。

★**結婚・家庭生活** ≫ズバリ！亭主関白、カカア天下タイプです。結婚・家庭生活でも、負けは許せず、上下関係を重視するので、誰にも主導権は渡しません。特に身近な家族や子ども、パートナーに対して命令口調になったり、尊大で横柄な態度になりがちなので、要注意。それをわかった上で、黙ってサポート役を引き受けてくれる相手と出会えれば、生涯の伴侶として、強い絆で結ばれた理想のパートナーシップを築いていけるでしょう。男性の場合、結婚後も仕事や自分の趣味が優先で、家庭のことはあまり顧《かえり》みない傾向が強く出そう。女性でも、家の中でジッとしていることはなく、特に仕事を始めると家庭そっちのけで、仕事に夢中になってしまう傾向が強いでしょう。

★健康≫ 生まれながらに生命エネルギーが高く、元気な人です。基本的に365日、休まず働けるだけの基礎体力の持ち主です。少々の風邪やケガは、気力で治してしまうタイプ。体幹や骨格がしっかりしており、男女を問わず、やや骨太の傾向も。いい恰好《かっこう》をしようとして張り切り過ぎると、事故やケガなど、思わぬアクシデントに見舞われる危険性も。すぐにカッとなる、頭に血が上りやすいタイプ。せっかちでイライラしやすく、怒りっぽいところもあるので、脳や心臓、循環器系に負担がかかりやすいので、要注意。

★趣味≫ 他人と同じものは好まず、一点もの、限定品など、大きくて目立つ、派手なモノが好き。男性であれば、車やバイク、船などの大きな乗り物。女性は人目を惹く派手なファッションやジュエリー、大ぶりのアクセサリーなどが好み。リーダーシップを発揮できるという点ではペット、特に犬を飼うことを趣味にする人も多いハズ。スポーツやゲーム、ギャンブルなど、常に勝ち負けや順位、成果がはっきり出る趣味が好み。強いものが大好きなので、強い人、強いチームを応援したり、スポンサーになるなど、オーナー気質も。

★外見・印象≫遠くからでも目立つ、華やかなオーラと大きな目が印象的。意志の強さが顔にも現れるため、ややエラが張っており、顔の輪郭《りんかく》は四角くシャープな印象。男性は骨格がしっかりしており、ガッチリした体型の、いわゆるスポーツマンタイプ。女性の場合も体育会系の元気印。出るところは出て、締まるところは締まった、メリハリボディでグラマラス。見た目からも威圧感があり、実際の身長以上に大きく見えるのも特徴。声が大きく、笑い声も特徴的。カジュアルより、スーツやドレスなどのフォーマルの方がお似合い。赤やオレンジといった明るい元気な色を意識して身につけると、さらに運気アップ。

★対処方法≫「運命数1」の人への対応方法は、至ってシンプル。「褒めて、おだてる」に限ります。見え透いたヨイショや大袈裟《おおげさ》なお世辞でも、通用します。間違っても人前で欠点を指摘したり、細かいミスを追及したりして、見栄やプライドを傷つけないことが肝心です。基本的に義理、人情を大切にするタイプですから、下手《したて》に出て、教えを乞う姿勢でつき合っていると、面倒見良く、可愛がってくれるハズ。相手が年下の場合は、やってもらったことに対してキチンと評価し、みんなの前で労をねぎらい、感謝し、褒めてあげること。案外古風で礼儀作法には厳しいところもあるので、上下関係のケジメや、日々の挨《あい》拶《さつ》やお礼の言葉、贈答品へのお返しなどは忘れないようにすることがポイント。

★運命数で診た相性

○良好　…「2」「3」「6」

「オレ様」「女王様」タイプの弱点をカバーしてくれる、温和で面倒見のよい数字をもった相手との相性が良好。基本、イエスマンが好き。褒めて伸びるタイプなので、とにかく相手が下手に出て、おだててくれれば、いい気分になって実力以上のものが発揮できます。

×努力が必要　…「1」「8」「22」

同じ「1」同士は、ライバル意識が刺激され、主導権争いに終始する可能性大。「8」の拡大志向とも、さまざまな場面で意見が対立し、ぶつかり合うかも。また「11・22・33」の「マスターナンバー」の各数字は、自らの常識やパワーが通用せず、イライラしそう。

運命数1の有名人

福澤諭吉、黒澤明、矢沢永吉、明石家さんま、渡辺謙、唐沢寿明、近藤真彦、マツコ・デラックス、前澤友作、堂本光一、小泉進次郎、石川遼、ナポレオン、チャップリン、ゴルバチョフ、トム・ハンクス、タイガー・ウッズ

上沼恵美子、大竹しのぶ、小泉今日子、飯島直子、谷亮子、浜口京子、浜崎あゆみ、上戸彩、イモトアヤコ、松浦亜弥、安藤美姫、菜々緒、高畑充希、レディー・ガガ、イ・ボミ

運命数 2

控えめで、常に人の助けになりたいと願う、心やさしき「サポーター」タイプ

★基本的資質≫男女を問わず、女性性が強く出ます。他人の気持ちを思いやれる母性本能の強い、やさしい心の持ち主です。親切で穏やかな物腰は場の雰囲気を和らげ、調和とバランスをもたらします。常に知性的で謙虚。礼儀正しく、奥ゆかしく、よく気がつき、細やかな気配りで、どんな相手にも合わせられる協調性の高さが特徴です。温和で誠実な人柄で人望もありますが、人生でも仕事上でも、良きパートナーを見つけてサポートする方を好む、典型的な縁の下の力持ちタイプ。争いを好まず、誰とでも仲良くできる「愛されキャラ」です。１９００年代の後半生まれで「運命数」が「２」になる人は極めてまれです。これは本来、「運命数２」の性質も併せもっている「運命数11」になるケースが統計的に多くなるため。現代では「運命数２」の人は、それだけ貴重な存在だといえるでしょう。

★注意すべき点≫どんな些細な事であっても、常にプラス・マイナスの両面から見るため、なかなか決断ができません。他人の意見に左右されやすく、相手の顔色をうかがってしま

う傾向も。自分の気持ちや意見を主張することに抵抗があり、優柔不断に陥りがち。生活のさまざまな場面で、あれこれとよく迷います。大事な決断を誰かに委ねてしまう、依存的な傾向も強いでしょう。被害者意識が強く、繊細で傷つきやすく、過去のことをクヨクヨと悩む悲観的な傾向も。そのため自分の殻《から》に閉じこもって、周囲を困らせることも。つき合う相手により運気が大きく左右されるので、結婚相手や友達選びは慎重に。

★**性格**≫ おとなしく、争いを好まない平和で穏やかな性格です。思いやりが深く同情心に溢れ、温和で温厚。誰に対しても分け隔てなく接し、親切で奉仕的な性格は、周囲に安心感を与える存在です。ロマンチストで、目立つことは苦手。細かい気配りができる、献身的かつ面倒見の良い性格。人に尽くすことに喜びを感じるタイプで、周りからの信頼もバツグンです。女性には特にこの傾向が出やすく、何かにつけ相手に合わせそうとします。反面、神経質で心配性。ナイーブで感受性が強いため、気持ちが安定せず、悲観的になりがち。他人の意見に流されて、結果、被害者意識に陥ることも。あれこれ考え過ぎてストレスを溜め込むと、精神的なバランスを崩して、病んでしまうこともあるので要注意。

★**仕事**≫ 周囲の人のサポート役に徹する仕事が向いています。やさしい心遣いと穏やかな雰囲気は、人に奉仕するなど、多くの人に接する仕事でその才能が発揮されるでしょう。化粧品、下着、ジュエリー、美容関連など、男性でも女性を相手にする仕事の方が向いています。競争社会は苦手ですが、ビジネスの現場では優れた参謀役として、リーダーの頼もしい片腕、番頭格などでその才能が発揮されるハズ。ひとりでやる仕事より、仲間と共に働き、そのサポーター役として仕事をする方が、あなたの才能は輝きます。また非常に繊細で豊かな感性をもっているので、芸術や音楽などのクリエイティブな分野での才能や、目の前の相手を癒すセラピストやカウンセラーとしての才能もあります。

★**適職**≫女性的な感性と奉仕精神が必要とされる医療、福祉関係の仕事が適職。看護師、保育士、介護福祉士、薬剤師、秘書、美容師、トリマー、心理カウンセラーなど、女性の憧れの職業がピッタリ。男性社会の中では、リーダーを支える参謀役。マネージャーやプロデューサー、ディレクターといった縁の下の力持ち的な役割が吉。創造力が豊かで、美的センスもあるので、お花、宝石、アクセサリー、絵画や美術品など、アート系の趣味の延長が仕事に結びつくことも。また外交官、会計士、行政書士、弁護士など、「守る仕事」も向いています。一般企業なら、後方支援、経理・事務全般、研究開発分野、コンピューター関係の技術職など、誰かを裏で支える仕事も◎。

★金運≫自分の力でお金をガンガン稼いでいくタイプではありませんが、自分のお給料や決められた生活費の中で、計画的なお金の使い方ができる堅実なタイプです。お金そのものよりも、心の満足度を求める傾向があり、無駄遣いや浪費はせず質素。目的に向かって、コツコツ蓄えていける着実な金運をもっています。何もしていないのに、相続や不動産がらみで大金が入って来る可能性も。金銭欲はないのに、不思議とお金には困りません。

　頼まれると断れないタイプなので、返ってくる当てのないお金を貸してしまって、痛い目に遭うことも。つき合う相手によって、金運も大きく左右されるので、要注意です。

★恋愛≫相手のことをジッと待つ、典型的な大和撫子タイプ。自分から積極的に告白することはないでしょう。誰に対しても分け隔てなく、やさしく接することができるため、相手があなたのやさしさを好意と勘違いして、言い寄られるケースも多く、恋愛相手には意外に事欠きません。ただし、強引に迫られると、イヤと言えずに、好きでもない相手とズルズルと恋愛関係にハマってしまう可能性もあります。特に女性の場合、リードされることを好み、相手の好みに合わせて貞淑《ていしゅく》なタイプからセクシーなイケイケ系まで、変幻自在に演じ分けることもできます。男女とも年上好み。男性は、やさしくロマンチスト。女性なら、相手の色に染められる、愛され上手というタイプになるでしょう。

★**SEX**》》相手に合わせて、どんなタイプでも演じ分けられます。ムード作りを大切にする、ロマンチスト。セックスに入る前の会話から、お部屋のムード作り、衣装など細かいところまで考え、常に相手の気持ちを優先し、相手を喜ばすことを第一に考えて奉仕するタイプです。その反面ナイーブで傷つきやすく、セックスの最中の相手のちょっとした仕草や言葉によって、性的不能に陥ったり、身体が拒絶することもあるでしょう。

基本的に受け身なので、相手の要求を断り切れず、ただ耐えてガマンするだけのセックスになることも。それが高じるとＤＶ問題などにまで発展する可能性もあるので、要注意。

★**結婚・家庭生活**》》最も家庭的なタイプです。良きパートナーを得て結婚することで、人生が安定し、社会的にも実力が発揮できるようになるでしょう。もちろん、結婚だけが幸せの形ではありませんが、あなたにとって結婚は、人生を左右する重要事項です。男性の場合はモテるのに優柔不断な性格から、なかなか結婚に踏み切れない傾向があるため、しっかりとリードしてくれる年上の女性が理想的かも。結婚後は、奥さんの尻に敷かれながらも、家庭を大切にする良き夫となるハズ。女性の場合、年上でグイグイと引っ張ってくれる、強いタイプの男性が理想的。男女とも良きパートナーや子どもに恵まれると、家庭内をしっかりと切り盛りするサポーターとして、理想の家庭を築くことができるでしょう。

★**健康**≫周りの人や環境に影響を受けやすく、精神面での健康が肉体的な健康にストレートにつながるタイプです。神経質でデリケートな面もあり、ストレスを溜め込んでしまうと、胃や腸などの消化器系の病気を患《わずら》う可能性があるので要注意。バランス感覚に優れているだけに、平衡感覚を司る脳や耳、目などのデリケートな部分の狂いには敏感で、頭痛や倦怠感の原因になることも。ストレスから来る過食症や拒食症、肥満などにも注意が必要。気にし過ぎないことが一番の薬。自分なりのストレス解消法を身につけましょう。

★**趣味**≫美的センスに優れ、芸術的な感性が鋭く、クリエイティブな才能もあるので、アート系の趣味が向いています。繊細で凝り性のところもあるので、手先の器用さが求められる、彫刻や絵画、ガラスアート、編み物やパッチワークなどのクラフト的なものに興味がそそられるでしょう。文章を書いたり、音楽を奏でたりするのも吉。サポーター的な資質が強く出ると、困っている人を助けたり誰かを支援したりすること自体が、趣味になることも。趣味が高じて、若いアーティストのスポンサーとして、その才能を見出し、物心両面からサポートする役割がハマると、大きな名声を得る可能性もあるでしょう。

★**外見・印象**≫小柄で、童顔の人が多い傾向があります。顔や手足もこぢんまり、まとまっているのが、特徴です。清楚《せいそ》で清潔感があり、穏やかでやさしい印象を周りに与えます。大勢の中では目立たない存在で、第一印象は薄いかもしれません。センスは良いのですが、派手な服装は好みません。ベーシックなデザインの、上質な生地や仕立てのものを好み、保守的でワンパターンになりがち。色目も白や黒、グレーなど、おとなしい色使いを好むため、華美に目立つことはありません。アクセサリーもパールや水晶など、シンプルな本物がオススメ。男女とも中年以降はストレスで、太りやすい傾向にあるので要注意。

★対処方法≫優柔不断で、依存的傾向に陥りやすい「運命数２」の人には、グイグイ引っ張ってくれるリーダーの存在は、頼もしいハズ。このタイプには、多少強引であっても、断定的にはっきりとモノを言ってあげた方がいいでしょう。本人だけに大事な決断を任せるようなことをすると、責任感やプレッシャーを抱えて、精神的につぶれてしまう可能性もあるので要注意。人の役に立っていることが喜びなので、些細なことでも感謝の言葉を伝えることは忘れずに。傷つきやすく、周囲の目を気にするタイプなので、大勢の前で叱《しっ》責《せき》するようなことは絶対、ＮＧ。アドバイスや注意をする場合は、言葉を慎重に選びつつ、ふたりきりになった時にするよう、心がけましょう。

★運命数で診た相性

○良好　…「1」「4」「6」

常に全体のバランスを気にするため、場の空気に配慮してくれる、一緒にいて気疲れしないようなタイプの人が、好ましいでしょう。また自分とは正反対で、強いリーダーシップを発揮して、明るくグイグイ引っ張っていってくれる、頼もしいタイプとの相性も吉。

×努力が必要　…「7」「9」

自分の本心を隠して言わないタイプが苦手かも。気持ちに裏表がある人は本音のコミュニケーションが難しく、気疲れしてしまうでしょう。また相手のことを深読みする大人なタイプは、自分の内側を見透かされてしまうように感じて、委縮してしまうかも。

運命数2の有名人

勝海舟、藤子・F・不二雄、倉本聰、篠山紀信、大和田獏、真田広之、佐藤浩市、上島竜兵、黒田アーサー

和田アキ子、由美かおる、箕輪はるか（ハリセンボン）

（※右記の通り、「運命数2」になる有名人は統計的に少なく、現代では全体的に希少な存在となっています）

運命数 3

いくつになっても好奇心を失わない、天真爛漫で無邪気な「子ども」タイプ

★基本的資質≫ズバリ！年をとることを忘れた、「永遠の少年・少女タイプ」です。明るく素直、天真爛漫。いくつになっても、純真な子ども心を失いません。常に笑顔の中心にいる人気者で、人を楽しませるエンターテイナー。新しいもの好きで、好奇心旺盛。想像力、創造力ともに豊かで、飲み込みも早く、集中力もピカイチ。天性の勘の良さをもち、器用な面も。楽しそうなこと、面白そうなことには、躊躇《ちゅうちょ》せず積極的にチャレンジします。

誰とでもすぐに仲良くなれる、愛されキャラ。交友関係も幅広い社交家です。フットワークも軽く、実行力、行動力ともに恵まれており、自分を表現するのが上手な目立ちたがり屋さん。先のことはあまり気にしない楽天家で、今を楽しむ天才です。

★注意すべき点≫基本的にいくつになっても、子どものまま。飽きっぽくて、落ち着きがなくワガママ。忍耐、ガマンは大嫌い。計画性はなく、今さえ良ければいい……という考えなので、お金はあれば、あるだけ使うタイプ。打たれ弱く、言い訳が多く、見え透いた

ウソをつくことも。すべてにおいて、行き当たりばったり。厳しい現実に直面すると、楽な方、安易な方に逃げる現実逃避の傾向が。ひとりで最後までコツコツと何かをやり遂げたり、地道に継続するのは大の苦手。些細なことですぐに腹を立てたり、ヘソを曲げたり。感情がモロに顔に出るタイプで、自分の思い通りにいかないことがあると、周りに責任転嫁して八つ当たりすることも。お調子者で、誘惑に弱いところがあるので要注意。

★性格≫ 明るく社交的。人なつっこく、表裏のない素直な性格で、誰からも好かれます。自分の知らない世界に対する好奇心も高く、知りたがり屋で、なんでもやってみたがる、積極的な性格です。ユーモアのセンスもあり、型にハマらず個性的。笑いや音楽、ダンスやスポーツなどを通して、周囲を笑顔にしてしまう元気印。くじけても、立ち直りが早く、持ち前の創造力と行動力で、いつの間にかピンチを切り抜けてしまう強運の持ち主。負けず嫌いで、向こう気の強い性格が、ワガママで意固地に映ることも。子どもっぽさが災いすると、すぐ人のせいにする甘えや無責任な態度が出やすくなりがち。アルコールやセックス、ギャンブル、ゲームなど、安易な快楽に走り溺《おぼ》れる傾向もあるので、要注意です。

★仕事≫ どんな時でも楽天的でポジティブ志向。失敗しても憎まれない、得な性質は組織やグループのムードメーカーとして、重宝されるハズ。企業の中では上司に可愛がられ、出世コースを歩むエリートタイプです。負けず嫌いでお調子者なので、おだてられると木に登るタイプ。明確な目標やご褒美があると、さらにファイトが湧き、成果も出ます。

典型的な「好きが仕事になる」タイプ。仕事も遊びの延長で、ゲーム感覚。独創的なアイディアと自由な発想、遊び心で、世の中をアッといわせるようなムーブメントを起こせるだけの才能もあります。どんな仕事でも笑いやエンタメ要素を忘れず取り入れ、楽しむ姿勢で取り組めば、協力者がたくさん現れ、想像以上の成果が期待できるでしょう。

★適職 》》 ユニークな個性と芸術的な才能に恵まれているので、芸能、音楽、演劇、映画、舞台、お笑い、スポーツ関係などの、エンターテインメント関連の自由業がピッタリ。お勤めなら広告、出版、映像、流通業界や、オモチャ、ゲームなどの子ども関連の業種で、宣伝や商品企画、営業職が向いています。アミューズメントパークのスタッフや、トリマーなど動物を扱う仕事も吉。単調な作業や、細かい集中力を要する仕事は不向きで、詰めの甘さが大きなトラブルを招くことも。興味の対象が広く、好奇心も旺盛なため、転職をくり返す傾向もアリ。同時に複数の仕事をかけ持ちする器用さもあるので、副業も◎。

★金運 ≫ 総合的に素晴らしい金運に恵まれています。特に自分のアイディアや感性がお金に結びつく強運の持ち主です。サイドビジネスが大当たりしたり、発明が製品化されたり、懸賞に当たったりなど、思わぬところから、お金が入ってくる傾向も。新しいモノ好きで、ＩＴ系との相性も◎。お金儲けのアイディアもたくさん湧いてきますが、それをカタチにするのが苦手なので、信頼できるビジネスパートナーに出会うと成功がさらに加速します。

ただし、浪費グセには、要注意。貯金は苦手。無計画な衝動買いも多く、使いっぷりも派手になりがち。お金の管理は、信頼できる第三者に任せた方が無難かも。

★恋愛 ≫ 誰とでもすぐ仲良くなれるので、友達は多いのですが、そこから先が……。「友達以上、恋人未満」の関係が多いかも。自分の感情に素直で大胆な行動力もあるので、周囲をアッと驚かせるドラマを演じることも。相手の本質を見抜く能力が本質的に備わっているので、ヘタな計算や打算、見栄などに左右された恋愛をすると、痛い目に遭いそう。

好き嫌いがはっきりしているため、恋愛の数はそれほど、多くはありません。ひとつずつの恋愛には真剣で、一途で純情。失恋で大きな痛手を負うことがあったとしても、恋の数だけ精神的に成長するタイプです。相手との人間的なつき合いが深まれば、仮に別れたとしても、良い友人関係を築くことができるのも、あなたの恋愛の特徴です。

★SEX≫セックスに対する好奇心は旺盛ですが、セックスそのものに対しては怖さもあり、やや奥手かも。子ども好きなので、子どもは欲しいと願っていますが、最後の一線はなかなか越えられません。セックスそのものより、手をつないだり、ハグしたりするなど、肌の触れ合いやつながりといった肉体的コミュニケーションを重視するタイプでしょう。
　男性の場合はセックスも遊び感覚でとらえ、さまざまなプレイにトライしようとする好奇心旺盛なタイプ。女性の場合は見かけより奥手で、相手の要求に応えようとする真面目なタイプ。ただし、自分の肉体にはあまり自信がなく、幼児体型を気にしているかも。

★結婚・家庭生活≫結婚後も友達のようなフラットな関係を築き、笑いの絶えない「仲良し家族」になれるでしょう。ただし、男女とも負けず嫌いの性格が出ると、ケンカをしても素直になれず、こじれてしまうことも。些細なことで意地を張らずに、美味しいものでも用意して、「子どものケンカ」は早めに終わらせること。結婚して子どもができると、普通は大人になりますが、「運命数3」の人は別。子ども好きなので、「友達みたいな親子関係」を築けますが、自分のやり方を押し通す「子どものようなワガママな夫」や「面倒見は良いが、子どもっぽい妻」となる可能性も。家族がいることで安心して、子どもの部分を出せるため、むしろ甘えや依存的な傾向が出やすくなることもあるので要注意です。

★**健康**≫病気にはあまり縁のない健康体です。太るタイプではありませんが、体型にコンプレックスを抱いているかも。好奇心の赴くまま、いろんなことにチャレンジし、いつも元気に飛び回っていることが、健康で長生きのヒケツ。そのため、小さなケガや事故などのアクシデントが絶えることはないでしょう。些細なことは気にせず、終わったことは後悔せず、いつもニコニコと笑っていることが一番の健康法になるハズ。身体の中では声帯、のど、肺にポイントがあります。特徴的な声は、あなたのチャームポイントでもありますが、それだけにのどのケアは怠らず、キチンとお手入れしていきましょう。

★**趣味**≫「遊ぶこと」全般が好きなので、面白そうなものにはとりあえず首を突っ込みたがります。コレクション的な趣味にハマる傾向もあり、夢中になると、趣味の分野に思わぬ大金を投じる可能性も。車など、乗り物好き。音楽コンサートや演劇、ダンス、スポーツなど、見るのもするのも大好きで、ノリノリになるタイプです。休みの日でも、アクティブに外に出かけることを好みます。キャンプや屋外でのバーベキューも好きな、アウトドア系。お笑いの才能もあるので、隠し芸などで、人をアッと驚かせることになるかも。

★**外見・印象**≫外見も個性的な人が多く、大勢の中でも目立つ存在です。童顔なので、年齢より若く見られることが多いハズ。特に目がチャームポイント。人なつっこい笑顔や独特の笑い声に特徴があり、多くの人の印象に残るタイプです。流行には敏感で、独自のファッションセンスの持ち主。年齢にかかわらず、原色使いの派手なモノやブランドのロゴがはっきりしているモノ、キャラクターものなど、わかりやすいものを好みます。人とは違う個性を大切にするため、女性なら髪型やアクセサリー、男性なら、ネクタイやメガネなどの小物に凝り、かつ奇抜なデザインでユニークな色や形のものを好む傾向も。

★対処方法≫「運命数3」の人への対処方法は、至ってシンプル。年齢がいくつでも、相手は子どもだと思って対応すること。注意は具体的かつ、明確に。相手に察してもらおうとしても無駄です。時には「ダメなものはダメ！」と、カミナリを落としてもＯＫ。本人は案外、ケロッとしているかも。建前は通用しないので、本音のコミュニケーションが大切。笑いや遊び心を取り入れないと、距離が縮まらず、仲良くなれません。ご褒美につられる、わかりやすいタイプ。オマケやお土産にも弱いので、遊び心のあるオシャレなプレゼント、美味しいスイーツなど手土産や贈り物は効果的。褒めておだてて、調子に乗せると、実力以上のものを発揮してくれるハズ。

★運命数で診た相性

○良好　…「1」「8」

誰とでも仲良くなれますが、仕事も遊びもワイワイ、一緒に盛り上がれる、アクティブで情熱的なタイプとの相性が良好。リーダータイプの相手からは、きっと可愛がられるハズ。面倒見よく、気前よくご馳走してくれそうな相手なら、言うことなしでしょう。

×努力が必要　…「5」「9」

自由を重視し、束縛されるのを嫌う「運命数5」の人とは、お互いのワガママがぶつかり合う可能性が大。逆に、常に全体の空気を読んで調和を図る、大人の「運命数9」の人は、常にチェックされているように感じてしまい、窮屈《きゅうくつ》で煙たい存在になる可能性が大。

運命数3の有名人

石原裕次郎、王貞治、宮崎駿、アントニオ猪木、郷ひろみ、松山千春、柳葉敏郎、葉加瀬太郎、竹野内豊、新庄剛志、有吉弘行、星野源、ジャッキー・チェン、アグネス・チャン、名取裕子、久本雅美、天海祐希、中山美穂、宮沢りえ、ＭＩＳＩＡ、蛯原友里、仲間由紀恵、宮里藍、蒼井優、西野カナ

運命数 4

ガッチリ、キッチリ、コツコツと、真面目で誠実な『堅実家』タイプ

★基本的資質≫「4」は四角に通じる固い数字。あなたは、几帳面な努力家さん。真面目で堅実。責任感が強く、実行力のある実務派です。誠実で温厚な人柄は、頼りがいがあり、安心して物事を任せられます。合理的な生き方を選ぶ傾向があり、保守的で忠実な考え方は組織活動にピッタリ。成果がはっきりする建設的な仕事を好み、計画通りに物事が運ぶことに喜びを感じるタイプです。決められたルールはキチンと守り、毎日、決まったルーティンをコツコツとこなしていく堅実家。小さなことでも続けていけるのは、あなたの最大の特徴であり、才能です。しっかりと地に足をつけ、人に頼らず、淡々と努力を積み重ねて、自分が定めた目標をいつの間にか達成してしまうのは、素晴らしい才能です。

★注意すべき点≫四角四面で頭が固く、融通が利きません。常識人で、「良い・悪い」の判断が厳格。自分の価値観に合わない人は、バッサリと切り捨ててしまうかも。自らの常識の枠にとらわれ、考え方や生き方も、スケールが小さくなりがち。頑固でフットワーク

も重く、行動を起こすのに時間がかかります。計画にない予定外のトラブルや急な予定変更には柔軟に対応できず、パニックに陥るかも。人に頼ることが苦手で、なんでもひとりで抱え込み、働き過ぎの傾向も。現状を変えることに大きな抵抗を感じるタイプです。自説を曲げず、意地を張って、自らの枠に閉じこもりがちな傾向もあるので、要注意。実行力や継続力は非常に高いので、変化を必要以上に恐れないことが大切です。

★**性格**≫正直で誠実な人柄。コツコツと粘り強く物事に取り組む努力家タイプなので、周囲からの信頼感や安定感はバツグンです。何事もよく考えてから慎重に行動するため、派手さやスピード感はありませんが、現実的な処理能力は非常に高い実務家タイプ。安定志向で保守的。社交性はあまりなく、人見知りで神経質なところも。感情的には安定しており、穏やかな性格。めったなことで感情を爆発させるようなことはなく、常に冷静で淡々としています。ウソやごまかしは許さず、バカがつくほど正直で、自分にも他人にも、厳しく、規則やルールを重んじ、約束事はキチンと守ります。自分の正しさや常識を頑なに守ろうとする頑固な性格です。人間関係も特定の人とじっくり時間をかけて、つき合うタイプ。友人の数は多くなくても、生涯を通じた友に恵まれ、固い友情を育みます。

★仕事⋙勤勉な努力家なので、どんな仕事に就いても、確実に仕事をこなし、実績を積み重ね、結果を残していくタイプです。職人気質もあり、目に見えるカタチに残る仕事を好みます。几帳面で集中力、忍耐力もあるので、根気のいる地道な作業や、細部に至る入念なチェックが必要な仕事には欠かせない存在。分析力や論理的思考、緻密《ちみつ》な作業が必要とされる、組織の裏方を支えるのにはピッタリの人材。安定した組織の中で、同じメンバーの元、マイペースで仕事ができる環境が整うと、実力を存分に発揮できるでしょう。小さなことを地道に継続していくことが、やがて大きな成果につながり大成功を収めるハズ。

★適職⋙論理的で几帳面。堅実で慎重な性質は学者、研究者、技術者、教師、公務員向き。大きな組織の中では経理、財務、総務、人事といった後方支援部門で実力を発揮できます。着実にお金を貯める能力があり、金融関係や、財務・経理関係の仕事の才能もあります。勤勉な努力家なので、税理士、行政書士、設計士など「士（師）」のつく資格の必要な仕事にはピッタリで、資格マニアの一面も。その他、自衛官、警察官、消防士、ガードマンなど、規律を重んじ、ルールを「守る」仕事も吉。また地道に組織を拡大していく力があるので、意外にネットワーク型のビジネスで成功するケースもあります。

★金運 ≫「運命数４」の堅実な性格が、最も出やすいのがお金に対して。基本的にはお金にシビアな倹約家で、無駄使いはせず、計画を立てて財産形成を考えるタイプです。リスクを最小限に抑えようとするため、お金に対してはケチになりがち。衝動買いはせず、欲しいものがあっても、納得いく価格と品質のものを探し、よく検討・調査してからでないと購入しません。「お金は汗水流して、働いて稼ぐもの」という信念があるので、投機やギャンブルなどにはまず手を出しません。大儲けできるタイプではありませんが、自らの実力に応じて、着実に財を成します。男女とも若い頃からしっかりとした人生設計をもち、目標達成のため、長期計画で堅実なマネープランを作成し、実践しようと努力します。

★恋愛 ≫ 真面目で誠実な性格が、自分なりの「正しい」恋愛観、結婚観を形成しています。ひと目惚れやワンナイトラブ、不倫などには縁がなく、不道徳と嫌悪しているかも。恋愛と結婚を切り離して考えることが苦手。恋愛も現実的に考える傾向が強く、相手の条件なども重視するので、結婚相談所、マッチング、お見合いなども吉。男性の場合は、女性には親切で、やさしく気を遣いますが、恋愛に発展するまでに時間がかかりそう。女性の場合はさらに慎重で、常に結婚を意識し過ぎて、恋愛を楽しむという発想はないかも。恋愛中も、真面目な性格が災いして、相手の何気ないひと言を気にし過ぎたり、逆に冗談をまともに受け止めたりして、些細なことで相手の愛情を疑ったりと落ち着きません。

★**SEX**≫男女ともに奥手で、セックスに関してかなり強い思い込みがありそう。「セックスはあくまで、子どもを授かる目的でする行為」と思っているところがあるため、セックス自体を楽しむという考え方は受け入れられず、相手がセックスに積極的だと、嫌悪感や恐怖を抱いてしまうことも。男性は浮気や風俗などには無縁で、セックスについても生真面目でワンパターンになりがち。女性の場合は、セックスは義務という感じでとらえている場合が多く、どちらかといえばやらないで済むのであれば、そうしたいと思っているタイプ。男女どちらも、セックスレスになりがちな傾向があるので、要注意。

★**結婚・家庭生活**≫「恋愛＝結婚」という信念を強くもっています。見合い結婚が多いのも、そのため。自らが真面目で潔癖な分、些細なことでも相手の浮気や裏切りなどは許せず、結婚後は「即離婚」という事態になりかねないので、要注意。男性の場合、結婚後も家庭を大切にするやさしい夫となり、家事なども進んで手伝ってくれる「マイホームパパ」型に。女性の場合は、専業主婦として家事を賢く切り盛りし、やりくり上手で、両親や子どもの面倒見も良い「良妻賢母」型に。結婚相手としては、非の打ちどころがない相手ともいえますが、それだけに真面目過ぎて面白みに欠け、ワンパターンに陥りがち。家族に対して、どれだけ柔軟な対応ができるかが、家庭生活がうまくいくポイントになるでしょう。

★**健康**≫≫ガマン強く、完璧主義的な性格が災いして、ストレスを溜め込みやすくなりがち。弱音を吐かず、上手に気分転換をすることも苦手なので、精神的にも肉体的にも煮詰まって、身体を壊すまで、仕事や家事をがんばる傾向があります。身体が固く、無意識に歯を食いしばるクセがあるので、いびきや歯ぎしりも多く、歯のメンテナンスは必要かも。便秘、神経性の胃炎、アレルギーなどにも要注意。「4」は、身体的には手足を象徴する数字なので、手足の器用さが特徴にもなりますが、手足のケガや障害には気をつけて。

★**趣味**≫≫アレもコレもと手を出さず、気に入った趣味とじっくり長くつき合うタイプです。基本、無趣味で、貯金が一番の趣味になることも。スポーツなどの身体を動かす趣味よりも、将棋や囲碁などの、頭を使う室内ゲームなどの方を好みます。あなたにとって、趣味も遊びの範疇《はんちゅう》ではなく、実用的なものを求める傾向が強く、女性なら料理、手芸、裁縫、編み物、パッチワークなど、男性ならパソコン、日曜大工、家庭菜園、ガーデニングなどの、手先を使って作品をひとつずつ仕上げていく過程に喜びを感じるでしょう。

★外見・印象≫全体的にすっきりとした印象ですが、骨格はしっかりとした骨太タイプ。顔のパーツは小作りですが、鼻筋はスッキリ通り、意志の強さが現れます。長く大きな手足に特徴がある場合も。大勢の中では目立たない存在で、服装も地味目。ファッションにはあまり関心がなく、色柄ともオーソドックスなものを好む傾向が強いでしょう。個性的であることに抵抗感があり、奇抜なものは避け、ラフで無難なものを選びやすい傾向が。ワンポイントで良いので、トレードマークになるようなアイテム（メガネ、サングラス、帽子など）を決めて、身につける習慣をつけると、隠れていた個性が輝きます。

★対処方法≫常識的で無難な「運命数４」の人なので、常識の範囲内で無難に対応している限り、可もなく不可もない、普通のおつき合いができます。彼らは堅実な努力家なので、その努力を正当に評価してあげることが、とても大切。また自分が立てた計画が順調に進んでいることが何より嬉しく、励みになるため、そこをキチンと認めて、評価してあげると、さらにやりがいやモチベーションがアップします。些細なことでもキチンと形になったものに気づいて、認めて褒めて、ねぎらってあげると、とても喜びます。ただ、喜びの表現がヘタなので、リアクションは期待しないこと。また見え透いたお世辞は通用せず、おだてにも乗らないので、じっくりと時間をかけて、根気よくつき合うことが大切です。

★運命数で診た相性

○良好 …「2」「4」「9」

真面目で温厚な性格は、誰とでも合わせることができ、あまり敵を作らないタイプですが、打ち解けるまでに時間がかかるのが難点。そのため相手の個性を尊重し、全体の調和を優先し、じっくり待ってくれる、温厚でおとなしいタイプとの相性が良好。

×努力が必要 …「5」「8」「33」

拡大志向で、変化や刺激を追い求め、じっとしていられないタイプは、基本的に苦手です。答えを急がされるのも、抵抗があります。自らの正しい常識が通用しない「変人さん」にはどう対応して良いのかわからず、コミュニケーションをあきらめてしまうかも。

運命数4の有名人

桂文枝、タモリ、北野武、桑田佳祐、山中伸弥、松岡修造、安住紳一郎、堂本剛、松坂大輔、斎藤工、藤原竜也、小栗旬、A・シュワルツェネッガー、ビル・ゲイツ

松下由樹、森高千里、石田ひかり、松雪泰子、米倉涼子、内田有紀、井川遥、観月ありさ、松たか子、ベッキー、田中みな実、渡辺直美、白石麻衣

運命数

5

好奇心旺盛で、冒険好きな フットワークの軽い『自由人』タイプ

★基本的資質 ≫ 常に自由と変化を追い求め、気の向くままにあちこち飛び回る、フットワークの軽さが特徴。新しいもの好きで、好奇心も旺盛。冒険好きで、旅行好き。人当たりもよく、人懐っこく、誰とでもすぐ仲良くなれるなど、環境への適応力は抜群です。頭の回転が速く、どんなことでもスピーディにこなす能力があります。流行に敏感で、新しい情報を仕入れては、それをドンドン周りに伝えていくコミュニケーション能力は高いものがあります。とらわれがなく、思考も柔軟。飲み込みが早く、なんでも器用にこなす多芸多才の持ち主。社交的で交友関係も幅広く、男女双方からモテる人気者。周りに集まってくる多くの人々をつないでいくコミュニケーター役こそ、あなたの天賦の才能です。

★注意すべき点 ≫ 他人から束縛されるのが大嫌い。自分に甘く、忍耐力に欠け、自由とワガママをはき違え、自分勝手で自己中心的に陥りがち。精神的なバランスを崩しやすく、情緒不安定なところも。感情の起伏が激しくなると、気分がコロコロ変わる躁鬱的な傾向

が出やすくなります。厳しい現実に直面すると責任逃れをして、安易な快楽に逃げ込みやすくなる傾向も。何事にも熱しやすく、冷めやすく、同じことを続ける単調な生活は耐えられません。答えを急ぐあまり、短気になりがち。波乱万丈な生き方を好むあまり、自らを不幸な状況に追い込み、周囲に多大な迷惑をかける可能性も。自分中心に世界が回っているワケではないので、常に周囲に対する配慮や感謝を忘れないことが大切です。

★性格≫型にハマらない、とらえどころのない性格で、つき合う人に対して、いろんな性格を使い分けられます。不思議な魅力で人望があり、人気運をもっています。自己顕示欲の強い、目立ちたがり屋さん。気まぐれで、好き嫌いははっきりしていますが、根にもつことはなく、切り替えも早く、あっさりした性格です。自由を尊重し、束縛されることを何より嫌うため、周囲にはワガママに映りがちですが、なぜか憎まれない、得な性格。行動力、決断力に優れ、思ったことをすぐに行動に移せるノリの軽さが自慢。飽きっぽく退屈しがちな性格なので、常に新しい刺激を求めて、あちこち彷徨《さまよ》います。柔軟な対応力で、誰とでもすぐに打ち解け、友達になれる才能もあり、どこへ行っても困りません。

★仕事≫流行を読み解く感性、柔軟な発想力、独創的なアイディアといったビジネスの成功に必要な条件をすべて兼ね備えており、今までにない最先端の仕事を生み出す才能もあります。職業の選択を間違えなければ、大成功を収める可能性も。環境への適応能力が抜群で、好奇心旺盛、多芸多才なあなたは、ひとつの職業を貫くよりは、むしろ転職をくり返したり、複数の仕事を同時にこなしたりすることで、その才能がさらに発揮できるタイプです。年功序列や派閥を重視する組織よりも、学歴や経験、年齢に関係なく、能力や実績で評価される実力主義の企業や職種の方が向いています。いずれにしても単調な同じ作業のくり返しや、同じ環境の中で決まった仕事を続けるのは不向きでしょう。

★**適職** ≫ 旅好きの性質を活かして、ツアーコンダクターなどの旅行関連、観光業など。人気運があるので歌手やタレント、ミュージシャン、YouTuberなどの芸能関係。物事の全体像をパッとつかみ、先を読む能力があるので、瞬間的な判断力を求められる、政治家や株式のディーラー、ジャーナリスト、広告マスコミ関係。人のたくさん集まる場所で、その場の機転が求められるような飲食店経営、流通接客業、水商売、ホスト・ホステス役なども◎。最先端のＩＴ関連など、世の中にない全く新しい仕事を生み出す可能性も。どの分野でもセールス・営業の才能は抜群で、トップの成績を収めることもできるでしょう。

★金運 ≫ 独創的なアイディアが時代の波にのると、一夜にして大金持ちになる可能性も。大金を稼ぐ強い金運をもっていますが、貯金は苦手。稼ぐ力はありますが、金銭感覚はルーズで、ひと晩でパーッと使ってしまうタイプ。一発勝負のギャンブル的性格が強いため、投機的な儲け話に乗って散財する可能性もあります。大金持ちか、一文無しになるか、浮き沈みの激しい極端な金運になる傾向があるでしょう。ただし、金銭的にピンチに陥っても、「なんとかなる」という楽天的な考え方で、その場を乗り切ってしまう運の強さももっています。本人にとっては、その日暮らしは刺激的で気楽かもしれませんが、いつまでも生活が安定しないと周りは不安ですし、本人も晩年が少々不安かも。

★恋愛 ≫ 交友関係の広い人気者で、目立つ存在なので、恋の相手には事欠きません。常に変化を追い求めるため、たくさんの恋を経験したい、典型的な「恋多きタイプ」。ドラマティックな恋愛を求めて、ひと目惚れや旅先でのワンナイトラブ、浮気、不倫、二股などの許されない恋に走る可能性も。危険な恋や周囲から反対されるなど、恋に障害があると、かえって燃え上がるタイプです。明るく陽気で、話題も豊富で話術も巧み、オシャレなセンスでセックスも情熱的と、恋の相手としては理想的。ただ、移り気で飽きっぽい性格なので、恋人に対する新鮮さを失うと、他の相手にすぐ目移りしてしまう可能性もあるので要注意。特に若い時は「恋に恋する」傾向が出やすく、恋愛依存症に陥ることも。

★**SEX**≫男女ともセックスを情熱的、積極的に楽しむタイプです。セックスに関してもオープンで、タブーもなく、特別な意識はありません。相手さえ同意すればどんなプレイでもOKです。セックスに溺れやすい性質でもあり、燃え上がるとブレーキが利かなくなる傾向もあるので要注意。男性の場合は、早熟でかなりのテクニシャン。口説き文句から、セックスにつながるムード作りも上手で、ベッドでもサービス満点で楽しませてくれるハズ。女性の場合は一旦ベッドインすると、情熱的に燃え上がるタイプ。セックスもひとつのプレイとして、さまざまな体位で貪欲に楽しむことができるでしょう。

★**結婚・家庭生活**≫男女共に自由を望み、束縛されることを嫌います。結婚後もひとりの相手で落ち着くことは難しく、結婚・離婚を何度もくり返す可能性も。浮気、不倫などについても、本人には罪悪感があまりないため、早急に判断せず、よく話し合いましょう。いつまでも若々しさを失わず、新鮮な恋人同士のような夫婦生活が送れれば理想的。男性は家庭よりも仕事や趣味に夢中になりますが、結婚記念日や誕生日などの記念日には、忘れずプレゼントを用意するなど、思いやりに溢れたやさしい夫になるでしょう。女性の場合は、結婚後も家にじっとしていることはなく、仕事やお稽古事、旅行にサークル活動と、元気に飛び回るタイプなので、好きな家事以外は手抜きになる可能性大。

★**健康**≫肉体面より、精神面の健康に注意が必要です。精神的にナイーブで、傷つきやすく、感情の起伏も激しいため、躁鬱的傾向があります。落ち込むと現実から逃避するクセがあり、突然、放浪の旅に出たり、失踪《しっそう》したり、引きこもったり、アルコール依存症に陥ったりする可能性も。精神的に追い詰められると、衝動的に自傷行為に走ったりすることも。「5」は、五体、五感につながる数字で、伝達を司る神経系の疾患《しっかん》に要注意。感覚器官の目や耳、口に特徴があったり、そこにダメージが集中する場合もあるかも。

★**趣味**≫多趣味で、それぞれの趣味がプロや玄人の域に達するレベルになっているのが、特徴です。音楽やスポーツ、文学、芸術など、興味の対象が幅広く、なんでも器用にこなせる才能の持ち主です。環境が変わることが一番の刺激になるので、旅行大好き。生活に変化をもたらしてくれる引っ越しや部屋の模様替え、リフォームなどが趣味になる可能性も。飛行機や車、バイクなどのスピード感溢れる乗り物も好き。一発勝負の写真や絵画なども吉。勝負が早い、競馬やパチンコなどギャンブルや賭け事も好きで、運もあります。

★**外見・印象**≫実年齢よりも、若く見られるのが特徴。男性はスマートなプレイボーイタイプ。女性は見た目も派手で、華やかな印象を与える、女王様のような美人タイプ。特に髪型には、強いこだわりが出るでしょう。体型は平均的ですが、目、耳、口など顔に特徴のある人が多く、ひと目で印象に残ります。流行には敏感で、ファッションセンスは抜群。ＴＰＯに合わせて、フォーマルからカジュアル、奇抜でユニークなものまで、独自の個性を活かしながら、オシャレに着こなすことができます。変身願望も強く、メイクや髪型をコロコロ変えたり、メガネやサングラスなどの小物で雰囲気を変えるのも特徴です。

★**対処方法**≫頭の回転が速く、話題も豊富な「運命数５」の人に対しては、そのスピード感にどう対処するかが、ポイント。次から次へと新しいことにチャレンジするので、相手と同じペースで、一喜一憂していると疲れるだけ。相手は変わることが前提なので、その変化に振り回されずに、こちらはじっくり、落ち着いている方がベター。新しい情報を仕入れたり、人脈を広げたり、営業に飛び回ったりなどの得意な分野に関しては、いちいちチェックせず、思い切って自由に任せた方が成果も出やすくなります。その分、彼らの苦手な分野である、カタチにする作業や調査、分析、管理業務などを引き受けて、互いの役割分担を明確にして、長所を引き出せればウィン・ウィンの関係になるでしょう。

★運命数で診た相性

○良好　…「2」「3」「5」

感情の起伏が激しく、気まぐれなところがある「5」の人を相手にするのは、なかなか大変。どんな相手にも無難に合わせられる「2」か、変化とスピード、楽しい雰囲気に一緒についていける、子どもの「3」、もしくは同じ「5」タイプに限られるかも。

×努力が必要　…「4」「7」「9」

「5」の自由な雰囲気が、理論的で常識人の「4」や、空気を読み、周囲との和を大切にする「9」タイプとは意見が対立しやすいでしょう。自分ひとりの世界を大切にする「7」の職人タイプからは、落ち着きのない相手として煙たがられる可能性も。

運命数5の有名人

長嶋茂雄、石坂浩二、小田和正、役所広司、孫正義、三谷幸喜、国分太一、森山直太朗、松本潤、落合陽一、錦織圭、A・リンカーン、ゴッホ、S・スピルバーグ

中村玉緒、秋野暢子、吉田美和、中森明菜、斉藤由貴、杉本彩、青木さやか、篠原涼子、後藤久美子、柴咲コウ、宇多田ヒカル、近藤麻理恵、綾瀬はるか

運命数 6

親切で愛情深い、博愛主義者
やさしさ振りまく「先生」タイプ

★基本的資質≫「妊婦」を象徴する母性の数字をもつあなたは、すべての人に等しく、親切で奉仕的な博愛主義者です。涙もろい、人情家。美しいものが好きで、優れた芸術や音楽を愛し、想像力や表現力も豊か。責任感も強く、フェアプレーを好み、不正や不公平は許せません。悪事など、見て見ぬフリができない正義感の強さをもっています。温和で面倒見がよく、家族を大切にする、愛情豊かで家庭的なタイプ。他人に何かを教えるのがうまく、分け与えることが好きなお世話焼き。ボランティア活動などにも熱心で、献身的。心身ともにバランスのとれた暮らしを求め、完全に調和した人生を目指します。誰に対しても分け隔てなく、やさしく接することができる慈愛の人で、周囲から慕われるでしょう。

★注意すべき点≫親切とおせっかいの区別がつかないのが、一番の難点。よかれと思ってやっていても、「親切の押し売り」になっていることも。八方美人に陥りやすく、親しくなった人を自分のモノと勘違いして、支配・コントロールする傾向が。頼まれごとにＮＯ

と言えないため、抱え込み過ぎて、かえって無責任になることも。お人好しで、お金の話は苦手。お金儲けには不向きかも。情にほだされて、コロッと騙されることも。好きでおせっかいを焼いているのに、相手が感謝しないとムクれるのは筋違い。尽くし過ぎは、重たくなってしまうので要注意。身近な相手には粘着質で、癒着《ゆちゃく》した共依存関係に陥りがち。自分の価値観を押しつけ、相手を思い通りに操ることが愛情表現ではありません。

★**性格**≫やさしく穏やかな、おっとりした性格で、バランス感覚を重視します。思いやりに溢れ、同情心も厚く、感激屋の一面も。理屈よりも感情優先。頼まれごとは断れない、頼りがいのある性格。義理人情に篤く、弱いものいじめや困っている人を見ると放っておけずに、献身的に世話を焼きます。自ら受けた親切や恩はいつまでも忘れず、お返ししようとする律儀な性格です。常に笑顔を絶やさず、温和で温厚。争いを好まず、家族や身近な仲間の幸せを第一に考える、愛情深い性格です。反面、正義感が強く、約束を破ったり、ウソや裏切り、不正が明るみに出たりすると、激しい怒りをぶつけるでしょう。

★**仕事**≫誰に対してもやさしく親切に接することができ、サービス精神も旺盛。気配り上手で、人にものを教えることも得意なので、サービス・接客業、学校や塾などの教育関係、医療・福祉関係の仕事が向いています。あなたのもつ温かい雰囲気は、どんな職場でも、場の空気を和ませることでしょう。人の嫌がることでも進んで行う奉仕精神があり、責任感も強く、最後までやりぬく粘り強さもあるため、周囲からの信頼はバツグンです。お金の評価は二の次で、お客様を犠牲にしたお金儲け主義はNG。目の前の相手が喜ぶ手ごたえがないと仕事にもやりがいが感じられず、仕事の才能も開花しません。組織の不正や不公平は見逃せず、強い正義感から内部告発してしまう可能性も。

★**適職** ≫どんな仕事に就いても、周りと仲良くやっていけるタイプです。奉仕精神が強いため、医師、看護師、介護・福祉関係、教師、講師、保育士、公務員、カウンセラーなど、多くの人の役に立つ職業が向いています。栄養士や調理師など、食に関する仕事も◎。助産師やペットのトリマー、ブリーダーも。また美しいものを見極める審美眼があるので、モデルや俳優、芸術、美術、デザイン、フラワー、香り、ファッション、インテリアなどのコーディネーターやプロデューサーなど指導的立場の仕事も合っています。組織の中では、総務や人事といった調整役を任され、中間管理職として活躍しそう。

★**金運** ≫全体的な金運は良好ですが、お金儲けにはあまり関心がなく、仮に大金を得ても、質素な生活は変わらないでしょう。堅実な金銭感覚で、衝動買いや無駄遣いなど不必要なお金の使い方はしません。現実的なバランス感覚も大切にするので、しっかりとした計画性をもって、堅実な貯蓄や投資などの資産運用もできるでしょう。自分の贅沢《ぜいたく》のために働くというより、家族など、自分の大切な人を守るために働き、人を喜ばせるためにお金を使うというポリシーを貫いている限り、必要なお金は必ず回ってくるので、安心して。ボランティアや奉仕活動にも熱心で、経済的な苦労はあまり気にならないタイプです。

★恋愛≫ 好きになった相手には、一途に献身的に尽くすタイプです。それだけに「こんなにしてあげているのに……」という思いが出て、見返りを求め出すと苦しくなります。恋愛面ではさらに所有欲、独占欲、嫉妬心が出やすくなるので要注意。つき合い始めると、相手を自分の所有物と勘違いし、生活のあらゆる面で、自分の好みを押しつけるように世話を焼くことになりがち。ダメンズに盲目的に入れあげて、お金をつぎ込む可能性も。そのため相手の浮気や心変わりなどが発覚するとドロ沼化して、大騒ぎの修羅場になる可能性もあります。献身的に尽くすだけに、失恋の痛手は大きく、立ち直るのには時間がかかるでしょう。ジェラシーが強く傷つきやすいので、いつまでも相手のことを恨んだり、責めたりして、ストーカー行為やＤＶなどにまで達する可能性もあるので要注意です。

★SEX≫セックスの場面でも、相手に合わせて尽くす性質は変わりません。相手が喜ぶ姿を見て、それが自分の喜びになるタイプです。男性ならひとりの恋人、もしくは妻を大切にし、セックスでも相手のことを思いやるやさしさがあり、時間をかけて丁寧に扱うでしょう。女性なら、相手を喜ばそうという意識がさらに強くなり、相手が望むのなら、思い切ったプレイにもチャレンジする大胆さも持ち合わせています。本人自身はセックスに関しては、どちらかといえば淡白。貞操《ていそう》観念は意外に強く、自らの快感を貪欲に追求することには抵抗があり、セックスだけを心から楽しめるタイプではありません。

★結婚・家庭生活≫結婚願望が強く、温かい家庭に強い憧れを抱いています。結婚後の生活に対して、自分なりの理想の家族像をもっており、それを実現しようと努力します。恋愛中から相手には献身的に尽くし、結婚してからも夫や妻、その両親や子どもを大切にします。舅《しゅうと》、姑《しゅうとめ》にもやさしい気遣いは忘れず、近所づき合いも積極的にこなします。女性の場合、基本的に家事好きで、特に料理は得意。外に働きに出るより、家で家族の世話をする方を好みます。また子どもが大好きなので、たくさん欲しがり、子どもを授かったら、過保護なほど溺愛する、子煩悩な親になりそうです。休日でも常に家族で動くことを優先し、誕生日や年中行事などのイベント事を大切にする、家族第一主義になりそう。

★**趣味**≫人に喜ばれること自体が趣味というあなたは、趣味も単なる「遊び」としては考えられません。美しいもの好きの性質を活かしたフラワーアレンジメントや、コーラスなどの音楽関係、お菓子作りなどのお料理全般。掃除や片づけなど、自分の特技を活かした趣味を幼稚園や老人ホームへの慰問などのボランティア活動に役立てようと考えます。作り過ぎてしまった夕飯のおかずや余ったもらいモノを近所の人におすそ分けすることも、ひとつの趣味です。また食べ歩きなどのグルメ情報にも敏感で、美味しいものがあるとたくさん買ってきては、周囲の人にせっせと配り歩くことも趣味の域になっているかも。

★**健康**≫バランスを重視する生活スタイルなので、大病を患ったり、大ケガをしたり、精神的に大きなダメージを負ったりすることは少ないタイプ。ただし、元々太りやすい体質ですし、美味しいモノを食べ過ぎたり、甘いもの好きが高じたりして、肥満傾向になりやすいので、要注意。「6」は身体的には心臓、血液、生殖器系にポイントがあるので、太り過ぎの場合は、高血圧や糖尿病にも要注意。女性の場合はさらに、子宮や乳房など、婦人科系の病気にも注意が必要かも。

★**外見・印象**≫人を和ませる、温かみのある童顔・丸顔で、ポッチャリタイプが多いのが特徴。第一印象で人に安心感を与え、やさしく包み込んでくれるような魅力があります。明るい表情と、大きくクリクリした目が特徴で、笑顔が印象的。いつもニコニコしており、母性がにじみ出るような、穏やかな波動を身につけています。ファッションも明るい色を好み、身体のラインがはっきりと出る、身体を締めつけるような服装は避け、ゆったりとしたシルエットのものを好む傾向が強いでしょう。素材重視で、個性的なファッションを好み、自分なりのセンスで着やすく改造したりして、着こなしを工夫しているでしょう。

★**対処方法**》》「ザ・いい人」の「運命数6」の人は基本、頼まれ事にNOとは言えません。それを踏まえた上で、おつき合いすることが大切です。情に篤いタイプなので、何かお願いする時は、理屈ではなく、感情に訴えた方がいいでしょう。面倒見がよいので、困った時など、相談にいくと親身になって、相談に乗ってくれるハズ。またトラブルの調整役なども、適任です。ただし、義理堅い性格なので、お世話になった時は、何らかのカタチでキチンとお礼をしておくことを忘れずに。世話好きが高じて、親しくなった人を私物化する傾向もあるので、不要な時は、はっきりと断る勇気も大切です。

★運命数で診た相性

○良好　…「3」「9」

温和な性格で敵を作りません。八方美人に陥りやすいところもありますが、基本的にはどの数字でも合わせられます。「3」は、母性本能がくすぐられるタイプで、気になります。「9」はお互いの奉仕精神がピッタリ合うと、平和的な良い関係に。

×努力が必要　…「7」「8」

おせっかい焼きの「6」と、孤独を愛する「7」とは正反対の性質。相手のプライバシーに勝手に踏み込まないよう配慮して。拡大志向の「8」は家庭に縛られるのが苦手。家庭優先、家族第一を強要すると、つい逃げ出したくなってしまうかも。

運命数6の有名人

渥美清、大橋巨泉、笑福亭鶴瓶、山下達郎、橋下徹、ユースケ・サンタマリア、山田孝之、米津玄師、ガリレオ・ガリレイ、トーマス・エジソン、ジェームズ・ディーン、ジョン・レノン、スティービー・ワンダー、マイケル・ジャクソン

樹木希林、田中眞紀子、中島みゆき、林真理子、浅野温子、財前直見、相田翔子、さとう珠緒、深田恭子、小倉優子

運命数

7

マイペースでわが道を貫く、こだわり強めのクールな『職人』タイプ

★**基本的資質** ≫自立心が強く、独自のこだわりをもつ個人主義者。徹底した探究心をもって、専門分野を掘り下げる完璧主義者です。孤独を愛し、専門的な仕事でも粘り強く、自分のペースで完璧にやり遂げます。自分に厳しい努力家タイプ。責任感が強く几帳面ですが、急がされるのは嫌い。知識や知恵を追求する理論派で、頭の良い自信家さん。自らの知識や経験を客観的に整理・分析し、筋道を立てて他人にわかりやすく説明できる才能があります。興味のあることは、とにかく自分でやってみないと気が済まず、その体験の中から、真理を学びとろうとします。時代の先端を切り拓く優れた直感力やヒラメキ、鋭い感性や洞察力をもっていますが、それを表に出そうとはしません。

★**注意すべき点** ≫クールな性格で孤独が苦にならないため、自分からコミュニケーションをとりにいきません。特に初対面では冷淡で、尊大な印象を与えることも。他人には無関心で、人の言うことにはほとんど耳を貸さない頑固者。喜怒哀楽の感情を表さず、他人に

悩みを打ち明けたり、弱音を吐いたりするのが苦手。自分の世界に閉じこもりがちで、内向的で夢想家的な傾向もあります。周りに相談せず、自分ひとりで物事を決めて、勝手に進めてしまう傾向が。コミュニケーション不足から、周囲から理解されず、変人扱いされ孤立しがち。隠れたプライドはかなり高く、他人をバカにする傾向も。なんでも自分ひとりで抱え込んで、凝り固まらないよう、心の柔軟性を大切にしましょう。

★**性格** 》目立つことはあまり好まず、ポーカーフェイスで思慮深い性格です。常に斜に構えて、素直になれない天邪鬼な性格。自らの感情を素直に表現することは苦手。寂しがり屋の一面もありますが、基本的に人の大勢集まるところは避け、自分のペースで動ける、ひとりの時間を大切にします。プライバシーを重視し、自分のテリトリー（時間や場所）に勝手に立ち入られることは大嫌い。わからないことがあると自分で調べる、知的好奇心旺盛な性格です。自分の意見をはっきりともっていますが、自ら進んで人前で発表することはない、控えめな性格です。多くの人と人間関係を結ぶよりも、本当に信頼できる数少ない相手との深いつき合いを望みます。めったなことでは弱音を吐かない、ガマン強い性格。なんでも自己完結しようとするので、泣く時もひとりで声を押し殺して泣くタイプ。

★**仕事**≫与えられた仕事は責任感をもって、最後まで完璧にやり遂げる実行力と粘り強さをもっています。口数は少なく、人当たりは決してよくありませんが、礼儀正しく、黙々と仕事をこなす姿勢が評価されるでしょう。細部にこだわりがあり、常に完璧を求めるため、少し時間がかかります。大勢の人とチームワークを組んでやる仕事は苦手で、マイペースで、ひとりで完結できる仕事の方が向いています。細やかな分析や調査を必要とする仕事も吉。知識が豊富でプライドも高いため、自分のやり方を押し通し、他人の意見を受け入れない頑固さが出ることも。際立った独創性や鋭い洞察力、折れない自立心や天性の直感力がマッチすると、時代を切り拓くような、カリスマになる可能性も。

★**適職**≫豊富な知識や調査・分析が必要とされる、医療、法律、税務、会計などのスペシャリスト向き。システムエンジニア、グラフィックデザイナー、カメラマン、ライター、各種コンサルタントなどのフリーランスも吉。独創的なセンスと手先の器用さ、孤独な作業にも耐える精神力で、作家や芸術家、こだわりの強い農家やひとりでやる飲食店主も向いています。神秘的な能力を活かせば、占い師、宗教家、治療家、セラピストなどになることも。組織の中では、研究開発部門や企画開発部門などで才能が発揮できるでしょう。初対面でのセールスや営業活動は不向き。成果が上がらず、ストレスを溜めるだけ。

★金運 ≫精神性を重んじるため、金銭欲は強くありません。お金に関してもマイペースで、執着も薄く、物欲もあまりありません。限られた資金の中で予算を立てたり、やりくりしたりする才能があり、無駄遣いはしません。ただ、身内などからお金の管理を任せられることには抵抗があります。お金のことで気を遣ったり、神経をすり減らしたりすることを嫌い、金銭問題で人と争ったり、お金で問題を解決しようとする態度は受け入れられません。金運そのものは悪くなく、ピンチになると思わぬ臨時収入や財産を相続するなど、必ずどこかから救いの手が差しのべられて、切り抜けられる強運の持ち主です。

★恋愛 ≫異性の好みが激しく、はっきりしています。クールな性格なので、恋愛中もどこか冷めています。恋愛相手に対して夢中になれない自分を内心、冷たい人間だと責めていることも。複数の相手と遊びでつき合うことはできても、本気の恋愛は少なく、波乱含みなのが特徴。直感や霊感の導きで、ある日突然激しい恋に落ち、理屈では割り切れない、運命に弄《もてあそ》ばれるような大恋愛が待っているかもしれません。途中いろいろあったとしても、最終的には神様が味方してくれているような、幸せな恋愛になるハズ。ただし、恋愛中でも孤独とプライバシーを尊重するため、恋人を家族や友人たちに紹介することはなく、デートでも人の大勢集まるところは苦手で、あまり行きたがらないでしょう。

★**SEX**≫他人に対して感情をあらわにすることは少ないタイプですが、心許せる相手とふたりきりで楽しめるセックスの場は、数少ない貴重なリラックスタイム。手放しでセックスを楽しめるタイプではありませんが、いろいろと研究熱心で経験したがるところも。セックスも、人生の中で探求するテーマのひとつに他なりません。男性の場合はテクニックを磨いて、その技術を駆使して、相手を喜ばすことに喜びを感じるタイプ。女性の場合は、セックスの喜びを知るまでに時間がかかりますが、一旦それを経験して性的に開花すると、いろんなセックスパターンを経験したくなる、探求心旺盛なタイプです。

★**結婚・家庭生活**≫「この人」と決めた相手は大切にし、結婚後も誠実な夫や妻になるでしょう。家庭内でも決められた役割はソツなくこなしますが、自分から積極的に、家族のイベントを企画することは少ないでしょう。夫婦でもプライバシーは尊重し、深く立ち入らないことを求めます。家庭の中でも、ひとりになる時間がないと息が詰まってしまいます。パートナーや子どもに対しても、ひとりの人間として大人扱いするので、人によっては冷たく感じたり、放っておかれているように感じることも。感情表現が苦手なので、長年連れ添っていても本音が伝わらず、お互いに寂しい思いをしているかも。すべて自分の中だけで完結させようとせず、大事な人には本音を伝えるよう努力しましょう。

★**健康**≫しなやかさには欠けますが、体幹はしっかりしており、持久力のあるタイプで、めったに病気にはかかりません。ガマン強い性格で弱音を吐かないため、ストレスを溜め込みやすい傾向があります。ある日突然、ストレスを爆発させてキレてしまい、周囲を驚かせる可能性も。偏食の傾向があり、バランスのよい食事を心がけないと、体調を崩す心配も。「7」は身体的には消化器官、内分泌系を象徴するので、ビタミンやミネラルの補給を怠ると、ホルモンバランスや感情のバランスを崩しやすくなるので、要注意。

★**趣味**≫「ひとりになれる」のなら、どんな趣味でもかまいません。趣味の中味よりも、「ひとりの時間」の方が重要です。散歩やジョギング、音楽鑑賞なども、趣味というよりも、リフレッシュするための「瞑想《めいそう》タイム」。知識欲も旺盛なので、「ひとりで読書」をするのは、まさに至福の時かも。基本的に凝り性で、なんでも自分でやってみないと気が済まないタイプなので、コツコツと時間をかけて、ひとりでやる作業、例えば、絵画や彫刻、陶芸やクラフトっぽい芸術作品を仕上げることなども、ピッタリの趣味です。

★**外見・印象**≫小柄で目立つタイプではありませんが、ガッチリとして頼もしい印象があります。男性の場合、ゴツゴツとした顔つきで、切れ長の鋭い目が特徴です。女性の場合、こぢんまりとしていますが、独特の雰囲気をもつ、コケティッシュな魅力があります。男女とも口数は少なく、清楚なイメージで、クールな微笑みが特徴的。服装の好みは地味目で、ベーシック。黒や紺、グレーなどの無彩色を好みます。奇抜なファッションは好みませんが、服装のコンビネーション、小物使い、色のバランスや組み合わせなどには気を遣い、細部にこだわりのある一点ものを身につけるなど、独自の美学をもっています。

★対処方法≫「運命数7」への対処方法は、シンプルに「ひとりで放っておいてあげること」。プライバシーを重視し、ひとりの時間を尊重してあげること。基本、群れるのは苦手で、ひとりで行動したいタイプなので、過度に干渉されることを嫌います。グループで活動する場合でも、あまり気を遣わず、放っておいても大丈夫です。最初はとっつきにくいかもしれませんが、こちらのプライバシーにも必要以上に踏み込んでこないので、サッパリとした人間関係が築けます。黙っていても人をよく観察しており、分析力も鋭いので、相談事には的確なアドバイスを返してくれるハズ。このタイプには感情に訴えても効き目がないので、論理的なデータを提示する必要があります。コミュニケーションの必要があれば、向こうからくるので、それまでは温かく見守ってあげていればＯＫです。

★運命数で診た相性

○良好　…「4」「7」「33」

孤独を好み、マイペースを重視するため、相手のプライバシーを尊重し、必要以上に踏み込んでこない「4」や「7」は、適度な距離感が保たれていて、居心地がいい。また「大変人」の「33」は、観察材料として興味深く、探求心をそそられそう。

×努力が必要　…「5」「6」「8」

変化が激しく、落ち着きのない「5」や、おせっかいなほどプライバシーに干渉してくる「6」、さらに常に忙しく動き回り、仲間意識の強い「8」は、自分のテリトリーが確保できず、大事なマイペースが乱されてしまって、落ち着きません。

運命数7の有名人

手塚治虫、小泉純一郎、糸井重里、陣内孝則、小室哲哉、尾崎豊、東山紀之、武豊、木村拓哉、イチロー、バカリズム、長谷川博己、妻夫木聡、滝沢秀明、本田圭佑、ベートーベン、ジョン・F・ケネディ、ブルース・リー、レオナルド・ディカプリオ、八代亜紀、竹内まりや、高島礼子、江角マキコ、南野陽子、酒井法子、広末涼子、山田優、長澤まさみ、新垣結衣、ローラ、きゃりーぱみゅぱみゅ、大坂なおみ

運命数 8

熱い思いとパワーは誰にも負けない、成功を追い求める『情熱家』タイプ

★基本的資質≫チャレンジ精神旺盛なパワフル・ファイター。実行力、行動力、集中力を兼ね備えた、生まれながらの野心家です。好奇心旺盛で、興味のあることはなんでも飛びつく、エネルギッシュなタイプです。家庭的な安らぎよりも、エキサイティングな仕事の方を好みます。成功か失敗か、白黒がはっきりとしないと気が済まず、何事も中途半端は大嫌い。ピンチにもへこたれず、困難に挑戦するのが大好きな、情熱的な性質です。同時並行にいくつものことを手がけ、休む暇なく、常に忙しく動き回っています。周りを巻き込む力はピカイチで、関わっているだけで、話がドンドン大きく膨らんでいきます。目に見える現実的な成功を手に入れるだけのパワーと強運の持ち主です。

★注意すべき点≫興味の対象が幅広く、八方に広がり過ぎるため、目標設定が弱くなり、結局、何をやっているのか、わからなくなりがち。アレもコレもと手を広げ過ぎる傾向があり、自分でも収拾がつかなくなり、周りのフォローが大変になります。あちこちで派手

に花火を打ち上げては後始末をせず、ほったらかして次に移っていくので、周囲の人は大迷惑。欲しいものがあると、手段を選ばず、強引なやり方で手に入れる傾向も。簡単にあきらめない、しつこい性格。家庭的な愛を顧みず、物質的な我欲のみに突っ走ると不幸になる恐れが。負けず嫌いのがんばり屋ですが、自分と同じがんばりを他人に求めるのは違います。自分のやり方を強要せずに、人の気持ちや特徴、弱さを認めてあげましょう。

★性格≫負けず嫌いな性格で、人一倍がんばります。仲間思いの人情家ですが、それだけに敵・味方を区別し、一旦敵に回ると、バッサリ切り捨てたり、叩《たた》き潰《つぶ》そうとする気性の荒さも。何事にも常に全力投球で、手を抜くことができません。真っすぐな性格で、物事を推進していくパワーは、ブルドーザー並みの熱い人。目標が明確になって、情熱的に取り組んでいる時のあなたを止めることは誰にもできません。それゆえ、周囲に対する影響力は絶大で、一旦権力を握ると、独裁者のように振る舞い、尊大で強引、傲慢に陥る傾向も。目的を達成するためには手段を選ばず、またそのための努力も惜しみません。それだけに努力が足りない人間に対しては、情け容赦がなくなるので、要注意です。

★仕事≫すべての数字の中で、最も出世運、ビジネス運が強い仕事人間です。それだけに

「仕事が趣味」「仕事中毒」という人も多く、休日でも仕事のことが常に頭から離れません。目標達成のために、現実的な努力を惜しまないタイプなので、どんな仕事に就いても頭角を現してくるでしょう。中でも類《たぐい》まれなバイタリティや独創性、指導力、統率力などの才能が活かされるのは、独立起業や創業型ビジネス。男女を問わず、自ら会社を興して事業経営に携わっている方も多く、拡大志向が強いのも特徴です。優れたアイディアと行動力で、何でもお金に換えてしまう抜群の商売センスの持ち主です。人望もあり、リーダーシップもとれますが、仲間と一緒に現場で生涯現役として働くことを望みます。

★**適職** ≫自らビジネスを立ち上げる独立起業家タイプが多いのが特徴。経営全般、営業セールスなどの分野で、実力発揮。組織の中では、各部門をまとめる管理職やプロジェクトリーダーを任されると、やりがいを感じてがんばるタイプ。大きなモノやカタチにすることに魅力を感じるため、建築業、製造メーカー、不動産・デベロッパー業、政治家・法律関係などが◎。また人の集まる場所を好むため、流通・サービス業、飲食業なども吉。多角化するのは得意でも、ひとつのことを長く続けることや単調な作業は苦手でしょう。

★**金運** ≫すべての数字の中で、最強の金運をもっています。お金儲けに関しては、抜群のセンスに恵まれており、経営感覚にも優れ、アイディアが次々と湧いてきて、それを現実化する実行力も備えています。ギャンブルや株、不動産などの投資の才能もあり、お金を生み出し、増やす才能にも恵まれています。大きな富を稼ぎ出す才能がある反面、お金遣いも荒く、贅沢に走って金銭感覚がマヒしてしまうと、大きな借金を作って破産したり、犯罪行為に走ったりする恐れがあるので要注意。折角、お金儲けの才能があるので、それを使わない手はありませんが、私利私欲だけに走らず、生み出した富をいかに分かち合うかを考えて、お金を使うことができるようになると、幸福が保証されます。

★恋愛 ≫ 情熱的な性格そのままに、自分の気に入った相手が見つかると、たとえ不倫になろうとも、相手の状況などお構いなしに口説き、贈り物など押しの一手で攻めまくります。相手が振り向くまで、簡単にはあきらめません。周囲の反対など、恋の障害が多いほど、燃えるタイプ。一度恋に落ちると、「恋に命をかける」といった勢いで、行き着くところまで行かないと収まらない、波乱万丈な恋愛を経験するかも。あなたにとっては、恋愛も一種のゲーム。失恋は「負け」になるので、プライドが許しません。激しい気性なので、燃え上がっている時は良いのですが、一旦心が離れると「可愛さ余って、憎さ百倍」になることも。自分勝手な愛の押しつけは、相手の迷惑になるだけなので、要注意。

★SEX≫情熱的な性格そのままに、大胆なセックスを好みます。ゴージャスな雰囲気を好み、セックスもスポーツ感覚で楽しみます。男性の場合、「英雄、色を好む」という傾向がいっそう強く、ひとりの相手では満足できません。セックスも強引で、自分の都合とペースでガンガン攻めまくり、自らの征服欲を満足させたいタイプです。女性の場合でもセックスには積極的で、自分好みのパターンのセックスをリードし、燃え上がるとオーバーアクションで大胆に快感を表現する傾向があるでしょう。いずれにしても、相手のあることなので、ひとりよがりのセックスにならないよう、要注意です。

★結婚・家庭生活≫男女とも結婚したからといって、すんなり家庭に収まるようなタイプではありません。結婚後も恋人同士のようなつき合いを望み、記念日には食事やプレゼントを欠かしません。しかし結婚で家庭が安定することで、いっそう仕事に没頭する可能性も大。休日に家族サービスをしたり、のんびりと家でくつろぐようなタイプではありません。女性でも家事をこなしながら、仕事をもち、趣味やサークル活動などへと飛び回るタイプ。家庭生活でもとにかく忙しく、休むヒマがなく、家族も落ち着きません。あなたにとって何もせず休むことは、怠けているようで罪悪感を抱いてしまうのかも。家庭と仕事のメリハリをつけ、リラックスする場として、家庭を活用できるかがポイントです。

★**健康**≫元気が取り柄のような人ですから、少々のケガや体調不良でも、気力でカバーし、簡単に寝込んだり、弱音を吐いたりはしません。常に忙しく、何事も全力でがんばる傾向があるので、疲労を溜め込みやすいタイプです。仕事のし過ぎで身体を壊したり、過労でダウンしたりする可能性もあるので、要注意。興奮しやすい傾向があるので、心臓や脳への負担も気になるところ。食生活も贅沢になりがちでカロリーの高い食事による、肥満、糖尿、高血圧などには注意が必要。「8」は身体的に骨格を象徴するので、体幹を鍛えること。張り切り過ぎや無《む》謀《ぼう》な挑戦によるケガや骨折などにも注意が必要です。

★**趣味**≫ズバリ！「仕事が趣味」になる人です。仕事以外ではゴルフやテニスなど、スポーツ全般やダンスなど。またエキサイティングな場面を好むので、スポーツ観戦やギャンブルなども趣味の範疇に入るかもしれません。自己顕示欲も強いので、男性なら高級車、女性なら一流ブランドのファッションや宝石などのアクセサリーなど、見た目が派手で、人目を引く華やかなモノに強い関心を示すでしょう。男女とも、わかりやすい「成功の証」として、大きな家を建てることに、強いエネルギーを注ぐ傾向があります。

★**外見・印象**≫「8」の拡大するエネルギーが肉体面にも現れるため、大柄な人が多い傾向があります。目鼻立ちもはっきりとしており、第一印象で人を惹きつける魅力があります。大勢の中にいても、華やかなオーラでパッと目立ち、明るく元気な印象を与える人です。ファッションセンスもよく、自分なりの着こなしで、自らのスタイルを確立しています。ブランドものなど一流のものを好む傾向が強く、メガネ、クツ、時計、バッグなどに、お金をかけたオシャレをします。若い頃はスマートな体型なのですが、男女とも中年以降は太りやすくなり、心臓に負担がかかりやすくなるので、要注意です。

★対処方法》》「運命数8」の人は、何事にも熱くなるタイプ。「チーム一丸となって、勝利を目指す」というスポ根が大好きなので、チームワークを重視した共同作業などでは、頼もしいリーダーシップを発揮してくれるハズ。「一緒にやりましょう！」「みんなでがんばろう！」などというフレーズは、大好物。チームの一員として忠誠を誓うと、最後まで面倒見よく、チームのために人一倍働いてくれるでしょう。仕切りたがりのところもあるので、思い切って任せてしまうことも大切。ただし、人間関係でも敵か味方かを重視するので、意思表示ははっきりと。常に全力投球の「8」のペースにつき合っていると、振り回されてヘトヘトになってしまうので、つき合い方にもメリハリをつけることが大切です。

★運命数で診た相性

○良好　…「2」「3」「4」

花火を打ち上げるのは得意ですが、後始末ができません。そのためキチンとフォローしてくれる役回りの人との相性が良いでしょう。「8」のエネルギッシュな性質には、同じノリができる子どもの「3」か、正反対の性質で、ブレーキ役になってくれる相手が◎。

×努力が必要　…「1」「8」

お互いにリーダーシップをとりたい「1」とは、意見が衝突することもしばしば。主導権争いに陥りやすいでしょう。自分と同じ「8」も、お互いが自分のやり方を強引に押し通そうとすると亀裂が深まり、ドロ沼の争いに発展してしまうかも。

運命数8の有名人

豊臣秀吉、本田宗一郎、加山雄三、星野仙一、沢田研二、梅沢富美男、中畑清、竹中直人、片岡愛之助、堺雅人、大谷翔平、パブロ・ピカソ
松坂慶子、小林幸子、森公美子、薬師丸ひろ子、鈴木保奈美、蓮舫、武田久美子、工藤静香、安室奈美恵、滝川クリステル、ＭＥＧＵＭＩ、倖田來未、道端ジェシカ、長谷川潤

運命数

9

空気を読んで、みんなをまとめる優等生
人の役に立ちたい『平和主義者』タイプ

★**基本的資質**≫すべての数字の性質を併せもつ「9」は、複雑な内面の持ち主です。知恵があり、賢く、心の広い理想主義者です。同情心が厚く、すべての人が平和に暮らせることを願い、誰にでも合わせることができる、懐《ふところ》の深い包容力があります。全体を見渡す高い視点をもち、思慮深く、多くの人をまとめる力があります。ミステリアスな雰囲気を漂わせ、神秘的でカリスマ性もあります。創造力に富み、洞察力も豊か。常に場の空気を読み、周囲との調和を何より大切にする穏やかな人柄は、多くの人から愛されます。物質的なモノにはあまり興味はなく、高尚な夢を追いかけるロマンチスト。環境問題や健康問題、平和運動など、ボランティア活動への関心も高く、奉仕精神に溢れています。

★**注意すべき点**≫ナイーブで傷つきやすく、感受性が強く、感情のバランスを崩しやすい傾向があります。ガラスのハートで、気分屋の傾向も。無価値感や罪悪感を抱えやすく、人生や世の中を悲観し、生きているのがイヤになるなど、厭世的《えんせいてき》になりがち。無力感を覚え、無気力になると、事なかれ主義に陥ります。頭の良さが災いすると、理屈っぽくなり、人をバカにして、周囲から煙たがられることも。ユーモアのセンスに乏《とぼ》しく、どちらかといえばネクラ。大きな理想のみを追いかけず、もっと現実の暮らしの細部にも目を向け、日常を楽しむ姿勢が大切です。環境に左右されやすい傾向もあるので、他人の言動を気にし過ぎるとストレスが溜まり、心身のバランスを崩しやすくなるので、要注意。

★性格 ≫もの静かで、理知的。清らかな心の持ち主です。知識欲旺盛な勤勉家で、博識で優秀。ただ、ひと言では表現できない複雑な性格で、多重人格的な傾向もあります。他人に対して本音を表すことはなく、他人からはつかみどころのない性格に映るでしょう。実際にやさしさと冷たさ、強さと弱さ、明るさと暗さなど相反する感情が同居しており、互いにひしめき合い、外見と内面が裏腹なのが特徴です。表面的には優等生で、誰にでも合わせられると思っていますが、一部の人からは絶大に支持されても、別の人たちからは敬遠される場合もあるでしょう。神秘的なものに惹かれるロマンチスト。仲間外れを恐れる、デリケートで繊細なところも。平和を求め、争いを憎む「正しさ」の信念は強いものの、周りからの評価を気にして、それを強く主張することはありません。

★仕事 »» 勤勉で頭も良く、真面目な性格なので、どんな仕事に就いても、それなりにこなせる器用さがあります。細かいところに気がつき、協調性があり、周りの意見をキチンと聞く誠実な人柄で、職場では相談役やまとめ役として頼られる存在になるでしょう。人の役に立ちたいという思いが強く、大切な人を守るためや社会全体の利益になることなら、骨身を惜しまず全力を尽くして働く奉仕精神の持ち主です。お金のためだけに働くことを良しとせず、自分のやっている仕事が、どんな意味をもっているのか、社会にどんな影響を与えているのか、誰の喜びにつながっているのかなどが、常に気になります。仕事に対する使命感や社会的な意義が見出せないと、仕事に対するやりがいが生まれません。

★適職 »» 奉仕精神が強いため、医師、看護師、薬剤師、介護士などの医療・福祉関係、政治家、法律家、弁護士、教師、公務員、農業、健康食品販売などが向いています。環境浄化や平和運動、フェアトレードなどのＮＰＯ的な活動やそれに関連するビジネスにも惹かれます。自らの内面を表現する作家、小説家、音楽家などの才能も。神秘的なことにも興味があるので、心理カウンセラーやセラピスト、宗教指導者になる可能性もあります。金儲けだけを目的とした仕事や単純作業、コンピューター相手の仕事では、やる気が出ず無気力になりがち。夢とロマンを語れる仲間や仕事に出会えると、実力が発揮されるハズ。

★金運 ≫ 金運は堅実ですが、金銭的なことには無関心で、どちらかといえばお金儲けに対して罪悪感や嫌悪感をもっています。お金がなければないで、平気でいられるタイプです。慈善活動や宗教運動にハマって、お金をつぎ込む可能性も。ただ地頭が良いので、資産運用や投資、金銭管理の才能もあり、お金の専門家になる可能性も秘めています。ただし、大きなお金を手にしても、それを自分の贅沢のために使うことには抵抗があり、社会のために寄付するなど、還元したいと考えています。結果的にそうした献身的なお金の使い方が、あとになって大きくなって返ってくるという、少し変わった金運の持ち主です。

★恋愛 ≫ 知的で清潔なイメージで、男女とも好印象を与えて頼られるタイプです。思いやりがあり、細かいところにもよく気がつく、やさしい性格。相手の立場に寄り添って思いやれるため、同情が愛情に変わって、ついつき合ってしまいがち。時にはやさしさが高じて、不倫や三角関係に悩むことも。基本的に受け身ですが、状況によっては、本気と遊びをクールに割り切ってしまうことも。恋愛でも理性が邪魔して、なかなか燃え上がりにくいタイプです。学歴や家柄を重視する傾向があり、知的な会話が成り立つインテリ好み。相手の本心を見破る才能もある反面、自分の本心を隠そうとして、感情を抑え込む傾向があるため、相手からは心が見えず、つき合いにくい印象を与えてしまいがち。

★**SEX**》精神面を重視するため、肉体的なコミュニケーションであるセックスについてはやや嫌悪感があり、淡白になりがち。セックスレスにも陥りやすい。男性の場合、精神的なストレスから性的不能に陥ったり、逆にSMやコスプレ、ロリコンなどのマニアックでアブノーマルな世界に入り込んだりしやすいタイプです。女性の場合は精神的なつながりだけで満足感を得られるため、男性の生理が理解できず、セックスを求める男性に対して嫌悪感を抱いている場合も。セックスそのものを動物的な卑《いや》しい行為と見下しており、猥談《わいだん》はNG。セックス自体を大らかに楽しむという考え方はないでしょう。

★**結婚・家庭生活**》恋愛と結婚は分けて考えるタイプなので、周囲の意見や相手の条件などを冷静に分析して、じっくりと結婚相手を見定めます。当然、相手の素性がはっきりしているお見合いも吉。結婚は慎重になるため、晩婚型で幸せをつかむタイプです。結婚後は良き夫、良き妻を演じますが、夫婦や家族といえど、本音・本心はあらわにせず、自分の正しさや正論で家族を縛ってしまう傾向があります。理想の家族に近づける努力をするのは大切ですが、理想ばかりを追いかけると窮屈な家庭になって、安らげません。理屈っぽく、相手をバカにするような傾向が出ると、互いの心が離れてしまいますが、世間体を気にして離婚しない「仮面夫婦」になってしまう可能性もあるので、要注意です。

★健康≫一見、身体が弱そうな印象がありますが、心身のバランスを重視しているため、大きな病気やケガには縁のないタイプです。基本的に規則正しい生活を心がけ、暴飲暴食はせず、食生活もバランスを考えるタイプなので、体調を崩したとしても長引くことはないでしょう。知識欲が旺盛で、「健康おたく」の傾向もあるため、ひとつの健康法や食事療法などにハマってしまう可能性も。そうすると、折角のバランス感覚が崩れてしまって、かえって健康を損なう恐れがあるので要注意です。「9」は脳を象徴するので、脳の病気には要注意。頭でっかちに陥らず、心身のバランスがとれた生活を心がけましょう。

★趣味≫「勉強が趣味」といえるタイプ。知識欲が旺盛で読書好き。自己投資に余念がなく、セミナーなどさまざまな勉強会に積極的に参加して「自分磨き」にお金と時間をかけるでしょう。神秘的なものに対する関心も高く、心理学や精神世界、占い、各種セラピーなどの分野にも興味があり、学び続けます。宗教活動にもハマりやすいタイプ。ボランティア活動も趣味の域で、地域の清掃活動から、地球規模の平和運動、環境保護運動まで積極的に参加します。農業をベースにしたエコロジカルな生活に憧れがあり、都会の喧騒《けんそう》を離れて、自然の中でのんびりと物思いにふけったりして過ごすのが好みです。

★**外見・印象** ≫ カリスマ性のある、独特の中性的な雰囲気をもった人が多いのが特徴。男性はスマートな秀才タイプ。女性はボーイッシュなイメージの才媛《さいえん》タイプです。一般的にはヤセ型で背が高く、スラッとした印象。やや神経質で繊細な印象を与えることも。顔は理知的なほっそり型ですが、中年以降はふっくらする傾向も。若い頃と中年以降とでは、体型がすっかり変わってしまうケースも少なくありません。服装は派手で奇抜なものを選ぶかと思えば、麻など自然素材を使ったシンプルナチュラルなものを身につけ、化粧やアクセサリーの類も一切身につけないなど、極端に分かれて、とらえどころがありません。

★**対処方法** ≫「運命数9」の人の最大の関心事は、自分のやっていることが人の役に立っているかということ。それだけに「9」の人のやっていることをキチンと評価し、ねぎらいや感謝の気持ちを言葉や態度で表すことが大切です。ただし、お金で評価することはプライドを傷つける可能性もあるので、くれぐれも注意が必要。お金のことを言い出すのが一番苦手なので、仕事を頼む時などは、金額や条件面を書面で残しておくとトラブルが避けられます。人の和を大切にするので、団体行動中は単独行動は慎まないと怒りを買いそう。学歴や知的分野でプライドを傷つけたり、バカにするような発言はご法度。知的でやさしい人なので、頼りにして教えを乞う姿勢で接すると喜んで教えてくれるでしょう。

★運命数で診た相性

○良好　…「2」「7」「11」

知的な話題が共有でき、夢とロマンを語り合え、神秘的なことにも理解を示してくれるようなタイプが相性良好。高い理想をもっているため、その理想を分かち合える相手と、同じ趣味や同じ目標をもつことができると、相性の良さがさらに高まります。

×努力が必要　…「1」「8」

現実的なお金のことや、お金儲けの話をするのは品がないと思っているかも。周りのことを考えず、自分の意見ややり方を押し通すのは、野蛮《やばん》だと嫌悪している傾向があります。エネルギッシュな「熱い」タイプと理解し合うのは、かなり努力が必要でしょう。

運命数9の有名人

徳川家康、石原慎太郎、村上春樹、佐野史郎、石原伸晃、藤井フミヤ、松本人志、江原啓之、ヒロミ、本木雅弘、つんく、藤木直人、中居正広、田村淳、千原ジュニア、ディーン・フジオカ、山下智久、菅田将暉

オノ・ヨーコ、美空ひばり、石川さゆり、富田靖子、中谷美紀、内田也哉子、菅野美穂、平原綾香、北川景子、佐々木希、ホラン千秋、黒木華

運命数 11

アンテナの感度が高い神官・巫女『神のメッセンジャー』タイプ

★基本的資質≫2桁のゾロ目である「11」は、「2本の矢印」を象徴する「聖なる数字（マスターナンバー）」。直感、ヒラメキ、第六感など、宇宙からのメッセージを受け取るアンテナの感度が高い「神官・巫女」タイプです。神聖なもの、美しいものを感じとることができる繊細な感性の持ち主です。優れた感受性と、独自のインスピレーションを駆使し、多くの人々に影響を与え、正しく導くという才能と使命があります。芸術的なセンスにも優れ、表現力も豊か。その人生は変化に富み、かなりユニーク。普段はあまり目立たず温厚ですが、独特の感性をもち、大きな理想を胸に秘め、その夢の実現に向けて、強い意志をもって人生を進みます。あなたのメッセージには他の人にはない重みと価値があり、周りへの影響力が強いことを自覚して、言霊《ことだま》の力を使いこなすことが大切です。

★注意すべき点≫直感的に答えはわかりますが、式がわからず、論理的に説明できません。「11」は1桁ずつ足すと「2」となり、「運命数2」の性質もあるため、優柔不断で他人の意見に左右されやすい傾向も。あいまい、かつ神経質で心配性。右脳と左脳、2本のアンテナが立っているため、何事につけてもよく迷い、なかなか決断できません。アンテナの感度が高過ぎるため、近しい人からの影響を受けやすく、自らの感情もアップダウンが激しくなりがち。突然、理解不能なことを言い出したり、衝動的で突飛な行動に出るなどして、変人扱いされることも。独特の世界観をもっており、周りの空気を読むことは苦手。それがワガママに映り、周囲から浮いてしまうこともあるので、要注意です。

★性格≫良くいうと個性的で先進的。悪くいえば変わり者。人とは違う、マイ・ワールドをもっています。平凡では満足できず、新しい夢と理想を追い求め、ヒラメキで行動する不思議ちゃんタイプです。刺激を求めて、面白そうなこと、神秘的なことに首を突っ込み、一生の内に何度か波乱に巻き込まれる傾向があります。賢く聡明で、何でもソツなくこなすいい人ですが、自分の思ったことがストレートに口に出るタイプなので、つい言葉が過ぎて、誤解されたり、相手を傷つけたりしてしまうことも。人一倍神経質な面もあるのに、驚くほど無神経なことを言って、周囲を凍りつかせてしまうこともあるでしょう。そのせいで人間不信に陥り、自分の世界に閉じこもってしまうこともある複雑な性格です。

★**仕事**≫天性のヒラメキや鋭い洞察力をもち、頭も切れるので、デスクワーク向き。神秘的なもの、未知のものに挑戦する好奇心が強く、フツーの仕事では満足できません。ルールの厳しい組織の中で働くのが苦手なあなたは、自由な職種を自分で選び取る才能をもっており、個性的で先進的な、夢のある仕事を好みます。組織の中では、そのユニークな個性がなかなか理解されず、転職をくり返すことも。人の心をとらえるメッセージを発して、精神的なリーダーになる可能性もあります。ただ、自分の夢やアイディアを現実化させるための行動力は弱いので、実行力のあるビジネスパートナーに出会い、そのサポート役やアドバイザー役に徹すると、仕事上の才能が大きく開花するでしょう。

★**適職**≫普通の人が思いもつかない独創性があり、ユニークな独自の視点をもっているため、学者、研究者、発明家など。また霊感、直感、インスピレーションを活かせる、小説家、音楽家、画家、芸術関係、カメラマン、ファッションデザイナー、心理カウンセラーなどの自由業も向いています。流行に敏感で、時代を先取りする感性を活かして、マスコミ・広告業界、芸能タレント業なども吉。また神秘的な能力が開花した場合は、占い師、セラピスト、僧侶、宗教家などの分野で才能が発揮されることもあるでしょう。組織の中では、営業より後方部門。企画開発などの、クリエイティブな部門が向いています。

★金運≫お金よりも精神的なことを重視し、自分の感性のままに人生を楽しみたいタイプ。お金には無頓着で、あればあるだけ使うため、将来のための貯金や家計のやりくりは苦手です。自らの理想や夢の実現のために、普通の人には一見無価値に見えるようなものに対して大金を使ったり、目に見えない世界の探求や宗教などにハマって、お金を注ぎ込んだりすることも。依存的傾向もあるため、騙されやすかったり、人を当てにし過ぎて、金銭的なトラブルに巻き込まれる可能性もあるので、要注意。基本的に運の強い人なので、自らの直感を素直に活かして生きていれば、結果的にお金に困ることはないでしょう。

★恋愛≫心のつながりを重視し、「運命の出会い」を求めるロマンチスト。自らのインスピレーションを重視する、独特の恋愛観をもっています。周囲からは理解されにくいタイプですが、本人は気にしません。世間の常識が通用しないので、周りがアッと驚くような相手と突然、結ばれるケースも多いでしょう。基本的にはやさしく尽くすタイプで、相手に対しては寛大。誰とでもうまく合わせることができるので、ライトな恋愛は多くなるかも。ただし、直感で相手の本質を見抜く才能があるため、真の恋人と呼べる相手は少なく、一度心に決めると、とても誠実な恋愛関係を築くでしょう。思いつきの発言やその場の感情だけで動いていると、相手を振り回してしまい、恋が長続きしないので、要注意です。

★SEX ≫ 感覚重視のセックスは、その時の気分次第で大きく変化します。基本的には相手に合わせる受け身タイプですが、セックスの最中に突然、気分が乗らなくなって、止めてしまうことも。同じ相手でも、大胆になったり、淡白になったりと、態度が一定せず相手は困惑してしまうかも。男性の場合はプロセスを重視するムード派で、セックスまでの過程が自分の理想通りにスムーズに流れないとやる気をなくします。女性の場合は、相手のほんの些細な仕草や、何気ない言葉ひとつで、一気にその気が冷めてしまうことも。そんな時は相手を尊重し、自分の気持ちをちゃんと伝える説明責任を果たしましょう。

★結婚・家庭生活 ≫ 心のつながりを重視するので、コミットした相手とは誠実につき合います。結婚後は家庭を守る良き夫、良き妻となるでしょう。特に子どもを授かると、子どものことを優先する、子煩悩な父親、子ども思いのやさしい母親になるでしょう。それだけに、男性の場合は家庭的で子どもも好きな妻でないと、仕事上でも安心して力が発揮できません。女性の場合は、精神的なものを強く求めるので、仕事ひと筋の男性とはつながりを感じられません。相手の心変わりや浮気には敏感で、肉体的なことよりも精神的な裏切りは許せなくなるタイプ。相手のちょっとした仕草や言動が気になりだすと疑心暗鬼になって、自分も相手も精神的に追い詰めてしまう傾向があるので、要注意です。

★**健康**》》精神的なものを重視するあまり、感情面の状態が、肉体にも大きく影響を与える傾向が強く、病気の原因の大部分は、「病は気から」が当てはまるタイプです。精神的なダメージを受けると、内に閉じこもりがちで、自閉的な傾向が強くなり、人づき合いが極端に悪くなったりします。神経性の胃炎、偏頭痛、心臓・血液循環系の病気に要注意。自分の口から発せられる愚痴《ぐち》や悪口、文句などのネガティブな言葉が、思っている以上に、自らの健康を害する要因になっていることを自覚して、口癖や言葉選びは慎重に。

★**趣味**》》先進的で前衛的なものを好み、人と違うユニークな個性を主張したいタイプなので、変わった趣味をもつ人が多いようです。奇抜なファッションを取り入れてみたり、奇妙なペットを飼ってみたり、他人にはなんの価値もないようなものをコレクションしてみたり。直感やヒラメキを活かした、絵画、彫刻、作詩、作曲など、趣味の分野でも芸術面の才能が発揮されるでしょう。モノの価値や値段は二の次で、あくまで自分の感性に合うかどうかを重視する傾向が、趣味の分野ではいっそう強く出がち。自分の感性を自由に表現する場として、趣味を有効に利用すると、ユニークな才能がさらに開花するハズ。

★**外見・印象**》》基本的に小柄で、背はそれほど高くありませんが、独自のセンスをもっています。特に目立つ存在ではないのに、不思議と印象に残る、独特の雰囲気を漂わせています。髪型に特徴があり、独自のスタイルを貫きます。服装は一見オーソドックスですが、時代や周囲に流されない強いこだわりがあり、一度自分のスタイルが確立されると、何年もずっと変わらず、そのスタイルを守り続ける傾向があります。色は清潔な白をベースに、紺、ブルー、紫などの青系の色の組み合わせを好む傾向があるでしょう。

★対処方法≫思ったことがすぐに口に出る、ヒラメキ型の「運命数11」の人への対処法は、言われたことをいちいち気にしないことが何より大切。本人もそんなに深く考えて言ったワケではないかもしれないし、またすぐに気が変わるかもしれません。どうしても気になる場合は、言われたその場で反論するなど、キチンと処理しておくこと。言った本人はすぐに忘れてしまうので、あれこれ思い悩むだけ損です。変わり者の「11」の人の言動は目立ちますが、それに振り回されても仕方ありません。本人も周りの影響を受けやすいタイプなので、一旦こちらのペースに巻き込んでしまえば、楽勝といえるかも。迷いやすい人なので、大事な決断を相手に任せると、かえってプレッシャーになることも。意見やアドバイスを伝える時は、明確に断定的な言い方で、はっきりと伝えることが大切です。

★運命数で診た相性

○良好　…「2」「6」「11」

相手に対しては寛大で、誰にでも合わせることができますが、精神的なものを重視するため、目に見えない感性を受け入れられる性質があるかどうかが重要なポイント。ちゃんと「変人」として扱ってくれる、穏やかで、包容力のある人との相性が良好。

×努力が必要　…「4」「8」

目に見えるものに価値を置き、自分のペースで現実的に物事を推し進めるようなタイプは、ちょっと苦手。お金や物質的なものを重視する仕事第一主義の人や、目に見えないものを受け入れられない現実主義の人には、本能的に拒絶反応が出てしまうかも。

運命数11の有名人

美輪明宏、三宅一生、おすぎ・ピーコ、西川きよし、武田鉄矢、古舘伊知郎、所ジョージ、田原俊彦、吉川晃司、中田英寿、香取慎吾、窪塚洋介、綾野剛、中田敦彦、古市憲寿、モーツァルト、バラク・オバマ、デビッド・ベッカム

細木数子、松任谷由実、浅田美代子、沢口靖子、広瀬香美、国生さゆり、石田ゆり子、牧瀬里穂、アンミカ、木村カエラ、福原愛、吉岡里帆、土屋太鳳

運命数 22

好き、嫌いがはっきり分かれる
世界で活躍できる『カリスマ』タイプ

★基本的資質≫2桁のゾロ目である「22」は、「聖なる数字（マスターナンバー）」のひとつ。あの世とこの世、理想と現実など、相反するふたつの世界を高いレベルで融合できる、「大いなる理想主義者」です。世界的なスケールで活躍できるだけの、大きなポテンシャルを秘めています。類まれなカリスマ性をもち、人々に大きな夢や希望を与えられる不思議な魅力と高い理想を現実のものにするだけの強烈なパワーの持ち主です。大胆さと堅実性、豪快さと繊細さ、ぬくもりと冷淡さなど、正反対の資質をもつ二面性が特徴です。波乱万丈な人生を好み、厳しい場面にも直面しますが、ピンチになると必ず救いの手が差しのべられる強運の持ち主で、不思議な幸運がついてまわる星の元に生まれています。

★注意すべき点≫まず、自らをかなりの変人だと認めることが大切です。さもないと、「22」のカリスマ性を活かせず、「4」の真面目な普通人になってしまうので要注意。理想が高過ぎるため、単なる夢想家に見られ、周りからは理解されにくく、また自らも人に理解されようとしないため、周囲から浮いた存在になりがち。相手のレベルに合わすことができず、自分のやり方を相手に強要して、煙たがられます。上から目線の横柄な態度で、敵を作りがち。妥協せず、わが道を貫く性質が強く出ると、自己中心的になってルールを無視するなど、ワンマンでワガママな性質が出ることも。歯に衣着せぬ物言いは、毒舌的。本人は無自覚ですが、些細なことで急にキレたり、怒り出したりすることもあり、周囲からは扱い方が難しい人というレッテルを貼られていたりするので、要注意。

★**性格**≫生まれながらに独特のオーラを身にまとい、周りから一目置かれる存在です。「22」は1桁ずつ足すと「4」となり、「運命数4」の性質もあるため、一見すると真面目で堅実。継続する力もありますが、人とは違う独創的な考え方をもち、幼い頃から「変わり者」と見られていたでしょう。夢や願望を引き寄せる力が強いため、自分の力を過信すると自己中心的で理不尽な性格に陥りがちに。好き、嫌いが激しく、極端に入れ替わったりするため、周りはビクビクして落ち着きません。短気ですぐに怒りを爆発させても、根にもつことはなく、カラッとしています。感受性が鋭く、神経質なところもあるかと思えば、大胆な行動に出るなど、つかみどころのないマイペースな性格です。頭も良く、機転も利くので、人によってはズル賢い印象を与える場合もあるかも。

★**仕事**》》初対面では真面目で堅そうな印象を与えますが、時代の波を敏感にキャッチし、流行の先端を切り拓く感性の持ち主です。現実的な処理能力も高い上に、大胆な行動力と抜群の統率力、思い切りの良い決断力、ユニークな発想を併せもち、どんな分野でもリーダーシップを発揮できるでしょう。大きな組織においても、高い視点で物事を判断でき、若くして頭角を現して、エリートコースを歩むタイプです。人の上に立つことで実力が発揮できるタイプなので、いつまでも人に使われ、指図される立場は向いていません。日本を出た方が、あなたのユニークなカリスマ性が生きる場合もあるので、海外進出を視野に入れて仕事をすること。夢や理想を実現させる才能と運に恵まれているので、世界的なスケールで活躍するという、大きな志をもつことが成功のポイントです。

★**適職**》》どんな仕事に就いてもトップや幹部になる器の持ち主。特に大きな組織の中では、必ず幹部候補生になるタイプです。多くの人から注目を集める政治家やモデル、タレントなどの人気商売、作家、画家などの芸術関係の仕事も向いています。一方、製造業や建設業、税理士や会計士などの堅い仕事もできます。独自の技術で特許を取得したり、海外と日本をつなぐ役割を果たすこともあるでしょう。いずれにしても社会の変革期、時代の変わり目に大きな使命を果たすことが多く、神秘的な力もあるので、精神世界と物質的な現実世界とをバランス良くつなぐ役割を活かせれば、世界的に大活躍できます。

★金運 ≫ 金運のスケールが大きく、波乱含みなのが特徴です。強い金運に恵まれ、ゼロからスタートして、大金をつかみとるアイディアと実行力をもっています。金銭感覚は鋭いのですが、お金を特別扱いしていないため、収入も支出も桁はずれに変動する傾向があります。株や投機、ギャンブルなどで巨額の富を稼ぐ場合もありますが、一瞬にして全財産を失い、大借財を抱えてしまう可能性もあります。結果的には、お金のことはあまり考えていないのに、どこからかお金が回ってくる不思議な金運に恵まれており、困った時には必ず誰かが助けてくれる強運の持ち主です。手にしたお金で、どれだけ多くの人々を喜ばせることができるかが、あなたの金運のスケールを決めることになるでしょう。

★恋愛 ≫ 個性的でちょっと変わったあなたの恋愛は、とても華やか。直感力が鋭く、恋の相手をひと目で見抜く力があるので、気に入った相手とはすぐに仲良くなれるでしょう。積極的かつ大胆な行動力で、意中の相手をものにするパワーは抜群。多くの人から注目され、愛されるタイプですが、恋愛相手にはワガママで、ワンマンに振る舞う傾向も。好き嫌いの好みが激しく、ひと目惚れで恋が始まることも多いのですが、別れも突然で早いのが特徴です。常識的な恋愛パターンにハマらない、波乱含みで自由奔放なあなたの恋愛は、いつの時代も一歩先を行く「恋愛サンプル」として注目されるでしょう。

★**SEX** ≫ セックスにおいても、ひと筋縄にはいきません。横暴でワンマンな（女）王様のように振る舞う時もあれば、貞淑でやさしく献身的に尽くす場合もあり、それが常にコロコロと入れ替わるので、相手は大変やりにくいでしょう。ごくノーマルで淡白に終わることもあれば、アブノーマルなプレイを情熱的に求める場合もあり、スタイルは一定しません。男性なら、ホストと王様が同居しているようなものですし、女性なら、処女と風俗嬢と女王様のような極端な性質が同居しているようなものだといえます。いずれにしても極端な二面性をもっており、複雑なセックス観を形成しているタイプです。

★**結婚・家庭生活** ≫ 個性的なあなたを満足させる相手に出会うのは、至難のワザ。ですが、意識していなくても、結婚相手とは人生の最適な時期に出会える強運をもっています。相手の条件ばかりを気にしていると結婚した途端、愛が冷めてしまう悲劇？に見舞われるかもしれないので要注意。結婚後も自己中心的な性格が出ると、家庭を顧みない「ワンマンで横柄な亭主」「女王様のようなワガママな妻」になる可能性も。そんなあなたをまるごと受け入れてくれる結婚相手は、直感を駆使して選び取るしかありません。家庭的なことも一応はこなしますが、男女とも、おとなしく家庭に収まることはないでしょう。

★**健康**≫ 精神と肉体が極端な二面性をもちながら、バランスをとっています。その絶妙なバランスがとれている限り、大病を患ったり、ケガやアクシデント、精神的なダメージを受けることはないでしょう。ただし、自ら大きな波乱を呼び込むクセがあり、お金や仕事、人間関係でのトラブルなどにより、そのバランスが崩れると、一気に健康面に影響が出てくるので要注意です。特に弱い身体部位や精神面でのウイークポイントは見当たりませんが、自らの健康を過信せず、心と身体のバランスを整える生活を心がけましょう。

★**趣味**≫ 幼い頃から、一芸に秀《ひい》でていることがあり、人の心を読んだり、他人には見えないものが見えたりなど、神秘的な特殊能力を発揮する場合も多いでしょう。趣味で始めたこと、特に芸術、芸能関係では、その才能が認められ、一躍有名になり、その趣味がそのまま本業となってしまうことも。文化的、芸術的、精神的分野の趣味に挑戦することをオススメします。その趣味自体や教えてくれる先生、師匠との出会いによって、眠っていた類《たぐい》まれな才能が花開き、人生の大きな転機になる可能性もあるでしょう。

★**外見・印象**≫背がスラッと高く、やせ型で、どことなく知的で高貴な雰囲気をもっています。あまり肥《ふと》ることはなく、人に粗野なイメージを与えることは少ないタイプです。独特のカリスマ性は、目の奥の輝きに現れます。服装は流行を追わず、オーソドックスですが、ゆったりとしたシルエットのエレガントで上質なものを好みます。外見やスタイルに気を遣い、身だしなみはいつもキチッとしています。一種独特の雰囲気をもつ人で、やや近寄りがたい感じがするかもしれませんが、見かけよりは気さくなイメージの人です。

★**対処方法**≫「運命数22」の人への対処方法は、一筋縄にはいきません。真面目で堅実な性質と、夢とロマンを追いかける理想主義者の性質、さらに他を圧倒するカリスマ性が同居しており、測り知れない奥行きの深さをもっています。基本的には礼儀正しいおつき合いを心がけておけば良いのですが、自己中でワガママな性質が出ると、ちょっとしたことで怒りが爆発することも。一方、ロマンにのめり込むと、他人がいくら止めようとしても言うことを聞かず、夢に向かって一直線に走り出すことも。スケールの大きなカリスマ性を活かすには、視野を世界に広げてあげることも重要。いずれにしても、「一見、普通だけど、中身はかなりの変人」だと思って、臨機応変に対応することが大切です。

★運命数で診た相性

○良好　…「6」「11」

良くも悪くも、好き嫌いが極端に出やすいので、その激しい気性に合わせられる、やさしく包容力のある、バランス感覚に優れた人がベター。一見、真面目な性質だけに、時として出るその極端な変貌ぶりにも、動じないで合わせられる人はなかなか少ないかも。

×努力が必要　…「4」「5」「22」

理想を語るロマンチストなので、現実的な面ばかりを強調されるのは苦手。自分のワガママは許せても、他人のワガママは許せません。同じ「22」同士の場合は、（女）王様がふたりいるようなもので、お互いがライバル視して、衝突は避けられないかも。

運命数22の有名人

坂本龍馬、岡本太郎、大島渚、田中邦衛、仲代達矢、立川談志、舘ひろし、岩城滉一、さだまさし、石橋貴明、デーモン閣下、ジミー大西、博多大吉、レオナルド・ダ・ヴィンチ、デヴィ夫人、加賀まりこ、岡本綾子、黒木瞳、石野真子、松田聖子、増田明美、小池栄子、ゆりやんレトリィバァ、マリー・アントワネット

運命数

33

スケールが大き過ぎて、誰もついていけない大変人の『人類の愛の奉仕者』タイプ

★**基本的資質** ≫ ズバリ！常識が通用しない「大変人」さん。地球規模の大変革の時代を狙って生まれてきた、まさに宇宙人？　生まれる前に自ら誓った大切なことを思い出せると、意識と愛が宇宙に広がり、菩薩《ぼさつ》のような見返りを一切求めない無償の愛を分かち合うことができる、人類覚醒のための「透明な奉仕者」。人類の平和イコール、自分の幸せとまで思え、そのために奉仕し続けられる祈りの人。誰もマネできないユニークな生き方が多くの人に影響を与え、人々のお手本になるようなスケールの大きな愛の人です。幼い頃から、神秘的な能力を自覚しており、目に見えない世界を当たり前のこととしてとらえています。その類まれな能力をどう活かすかが、あなたにとって人生最大のテーマです。

★**注意すべき点** ≫「運命数33」の生き方は極めてハードルが高いので、「3」を1桁ずつ足した、「6」の生き方も参考にすること。無意識レベルで、自らあえて辛い環境を選ぶ傾向があり、幼い頃の家庭環境は複雑で、生き辛い場合も多いよう。一般常識的な考え方は

ほぼ通用せず、周りからは浮いた存在で理解されにくいタイプです。フツーのことが苦手で、現実的な処理能力はかなり弱いかも。方向音痴で、時間もルーズ。金銭感覚も大雑把《おおざっぱ》。自他の境があいまいで、お金やセックスも特別扱いしません。好きなことしかしないマイペース人間。33歳で大きな転機があるかも。「人類の愛の奉仕者」というテーマを見失うと、障害の多い人生を歩むことになり、単なる変人で終わってしまうので、要注意。

★性格》》心やさしい性格で、明るく穏やかなのんびり屋さんです。小さい子どもやあらゆる生き物、自然に対して、大きな愛を注げる包容力をもっています。人とは違う独自の世界観があり、周りからの雑音はほぼスルー。自分では普通と思っていますが、その考え方や生き方は常識の枠内に収まり切らず、周囲からは「ワケがわからない奴」というレッテルを貼られているでしょう。小さなことは気にしない楽天家で、物忘れの天才。人の名前や場所など、何度聞いたり、行ったりしてもすぐに忘れてしまう傾向アリ。めったなことでは怒りませんが、巨悪の行う不正や不平等に対して、大きな憤りを感じます。世界平和への想いが強く、戦争や飢餓《きが》の現状に対して心を痛めて、涙することも。人に対する思いやりが深く、自分事のように一喜一憂します。人に情けをかけ過ぎて、自らが痛い目に遭うこともありますが、本人は全く懲りずに、ケロッとしているでしょう。

★仕事≫一般常識的な考え方がほとんど通用せず、どんな仕事に就いても仕事の成果が極端に出るタイプです。素晴らしい営業成績を残す場合もあれば、何をやってもダメダメな場合も。自分にも他人にもウソがつけないタイプなので、周囲の評価も極端に分かれます。一生をかけるだけの、「これだ！」という仕事に出会うまでは、さまざまな仕事を経験し、何度も転職をくり返す可能性もあります。どんな仕事に就いても、目に見えないスピリチュアルな世界、精神世界とは切っても切れない関係です。自らの才能や運命に気づき、「天職」に出会うことが人生最大のテーマです。仮に仕事で評価され、経済的に恵まれていたとしても、自らの使命を思い出せば、その地位や名誉をすべて投げ捨てて、人々の覚醒を促すという本来の仕事に挑戦する勇気と潔さをもっています。

★適職≫大変人のあなたにとって、職種の「向き・不向き」は関係ありません。強いていえば、医療・ボランティア関連、平和活動など、グローバルな視点での奉仕活動や、神秘的な能力を活かした作家、講演家など、精神世界でのリーダー。ヒーラー、チャネラー、カウンセラーなどのセラピストも◎。多くの人に影響を与えるという使命があるため、俳優、タレント、ミュージシャンなどの芸能人になる可能性も大。ただ、どんな仕事に就いても、「人類の愛の奉仕者」として、人々の目覚めを促すことこそ、真の適職となります。

★金運≫ 非常に恵まれた金運の持ち主で、不思議とお金には困りません。ただし、お金を管理する能力はゼロに近いので、金銭管理は信頼できる第三者に任せた方が無難。お金はあればあるだけ使いますが、なければないでも平気で、笑って過ごせます。自分の興味のある分野の学びのために、大金を大胆に注ぎ込む傾向もあります。自分の才能を活かして大金を稼ぐ能力もありますが、貯金するという考え方はなく、困っている人を見ると、知らない相手でも平気でお金をあげたり、貸したりすることも。金運のアップダウンは激しく、稼ぎ方も遣い方も極端で派手になりがち。あなたにとって、お金のことを全く気にせず生きていくことが、お金が一番うまく回っていく方法だといえるでしょう。

★恋愛≫ 33通りのさまざまな顔をもつといわれる側面が、恋愛面にも強く出ます。相手によっていろんな顔を使い分けることができ、どんな相手にも合わせることができるので、恋愛相手には事欠かない「恋多きタイプ」です。理屈ではなく直感で恋愛に落ちるため、駆け落ちや婚約破棄、大恋愛の末の離婚、親子ほど年の離れた相手との許されない恋など、ドラマティックな恋愛をくり広げる傾向があります。波乱万丈のシナリオを好むあまり、ワザと自らを窮地《きゅうち》に追い込むような危険な相手を選ぶことも。生涯独身であったとしても、常に恋をしているタイプで、男女ともひとりの相手だけで満足するのは難しいでしょう。

★SEX≫男女とも、性についてはオープンで、セックスのない人生は考えられません。独特のセックス観をもっており、ノーマルとアブノーマルの線引きも極めてあいまいです。セックスを特別扱いしていないので基本、タブーなしのなんでもアリです。相手に応じて、いろんな顔を使い分けられるので、どんなタイプのセックスでも対応し、純粋に楽しむことができます。目の前の人に対して１００％の愛を注ぐことができれば、誰とでもセックスできますし、同時に複数の相手を愛することも可能です。究極的には肉体的なセックスをせずとも、高いエクスタシーを感じられるだけの潜在能力を秘めている人です。

★結婚・家庭生活≫はっきりいって、家庭という枠だけに収まる人ではありません。離婚と結婚を何度もくり返す場合も。家庭的でやさしい性質なので、特に子どもが幼い頃は、子どもを可愛がる子煩悩なタイプです。家庭内では、「良き夫・父」「良き妻・母」として、家庭人としての役割もそれなりに果たしますが、家族という範囲に収まらず、大きな愛を周囲に広げていくことになるのは避けられないでしょう。家族から見れば、家族を犠牲にして、「なんでそこまで……」と思うでしょうが、あなたにとっては、家族とそれ以外の人を分けて考える方が不自然で、難しく感じるでしょう。仮に生涯独身の場合でも、一生ひとりで暮らすことはなく、誰とでもすぐ仲良くなって、長年一緒に暮らしたような家族づき合いができるという、かなり不思議なタイプです。

★健康≫全般的に健康面には非常に恵まれていますが、子ども時代や若い頃は、身体が弱く病気がちだったり、大病を患ったり、また精神的にダメージを受ける事件やアクシデントに巻き込まれるなどして、障害を負うことがあるかもしれません。それがトラウマとなって、自らの使命を思い起こすキッカケや原因になる場合もあるでしょう。大きなアクシデントがないと気づけないワケではありませんが、極端な経験をしやすいタイプなので、要注意。ただ、本人は病気やアクシデントも、さほど深刻にとらえておらず、ひとつの特徴、貴重な経験として受け入れているので、周囲が心配するには及びません。

★趣味≫趣味と仕事、家庭などの境目がはっきりしていないのが、「33」の特徴。強いて言えば、「人助けが趣味」といえます。好奇心は旺盛で、なんでも体験したいタイプなので、自分の興味ある分野にお金を使うことは惜しみません。反面、興味のない分野に関しては全くの無知であり、その差は極端。一般的に趣味と呼ばれる娯楽的なものには、あまり興味はないかも。怪しい世界に惹かれる傾向が強いので、瞑想、気功、ヨガ、占い、ヒーリング、霊能、宇宙人、各種セラピーのセミナーやグッズなどには、目がないでしょう。

★**外見・印象**》》初対面では、やさしく穏やかな印象を与えますが、内面は複雑で、変わり者。個性的で強烈なキャラクターが特徴です。服装も奇抜でファッショナブルなものからシンプルなものまで、ＴＰＯに合わせて見事に着こなすことができます。特に「33」の運命と才能に気づいたあととその前とでは、同じ人なのに別人のように印象が変わってしまうことも。生き方はより個性的になっていきますが、外見の印象は反対に、より普通に、シンプルに変化していきます。ただの変わり者であったのが、運命に気づいたあとは、すべてを包み込む無償の愛の波動が溢れ出し、菩薩のように変化していくことでしょう。

★**対処方法**》》ズバリ！放し飼いが一番。常識という檻《おり》に入れて、飼《か》い馴《な》らそうとするから、摩《ま》擦《さつ》が生じるのです。「33」の大変人の個性をそのまま認め、否定せず、あるがままに受け入れてしまえば、お互い楽に生きられます。社会の中で最低限のルールはありますが、それさえ守っていれば、基本的には何をやっても自由なハズ。あなたが「許せない」と思っていることは、自分が禁じているだけであって、その枠に収まらない「33」の人を責めたり、裁いたりしても始まりません。「33」の人を、「自分勝手、ワガママ」と見るのか、「あるがままで自由」と見るのかは、まさにあなた次第。あなたの中にある正しさを映し出してくれる相手が、自らの運命に気づいた「33」の人のお役目、そのものだといえます。

★運命数で診た相性

○良好　…「7」「11」「33」

かなりの変人だとわかって、つき合ってくれるのは、やっぱり変人さん？　特に「7」の人は、「33」にとっては数少ない理解者。頑固で理屈っぽいところもありますが、「33」に足りない現実部分をキチッとフォローしてくれる役割を果たしてくれるので、相性良好。

×努力が必要　…「4」「8」「9」

一般常識的な判断や損得勘定など、お金やビジネスライクな話が通じないので、「4」「8」は困惑。とにかく周りとの調和を重視する「9」も、受け入れがたいかも。自分たちの常識の枠に収まり切らないので、深く関わり合いになりたくないと思っているでしょう。

運命数33の有名人

野口英世、松下幸之助、アニマル浜口、斎藤一人、井上陽水、池畑慎之介、三浦知良、福山雅治、反町隆史、乙武洋匡、矢部太郎、市川海老蔵、えなりかずき、佐藤健、羽生結弦、A・アインシュタイン、F・コッポラ、シルベスタ・スタローン
黒柳徹子、柴門ふみ、山口百恵、吉本ばなな、岸谷香、菊池桃子、鈴木京香、優香、安達祐実、荒川静香、中島美嘉、紗栄子、石原さとみ、堀北真希、のん

「運命数33」は、2000年代に入ると生まれてこない「絶滅危惧種」？

「はづき数秘術」の最大特徴のひとつでもある「運命数33」。これは従来の「カバラ数秘術」では採用されていない特別な数字です。これまでの時代において、生年月日を足して「33」になることはあまりありませんでした。「運命数33」が多数生まれてくるようになったのは、1900年代の後半生まれに限られた特徴です。それでも統計上、「運命数33」になるのは全体の5%程度と珍しく、この時代の変革期を狙って生まれてきた、「期間限定」の聖なる数字（マスターナンバー）だといえるでしょう。

実際、2000年代に入ると、直近で「運命数33」が誕生する日は、「2029年9月29日」のみ。次に生まれてくるのは、計算上「2038年9月29日」となります。つまり、2000年代に入ると、「運命数」が「33」になる人の誕生日は、およそ40年間でたった２日だけ。はっきりいって、2000年代に入ると、「運命数33」は絶滅危惧種といってもいいぐらい、超レアな存在だといえます。それだけに、本書を通じて自らが「運命数33」だと知ってしまった人は、その「大変人」の生き方を発揮するのは今しかない……と覚悟して、世間の常識や周りの目を気にすることなく、自分らしさを思う存分に輝かせて、好きなように生きていくしかないのです。

第３章

あなたの未来・
人生の目標や課題を表す
使命数

「使命数」とは……?

今生における挑戦すべき目標、自ら掲げた課題、果たすべき使命を表す数字です。

今生でたどり着こうとしている人生のゴール地点を表す数字として位置づけられ、「生まれた月日」を足し合わせて算出される「1〜9」と「11」の10パターンに分類されます。「はづき数秘術」において、この「使命数」は「自分の内側にないもの」としてとらえます。元々、自分の中に「ない」ものなので、どうしても苦手意識が出やすくなりますが、あえてその苦手分野にチャレンジすることを「人生の目標・今生で克服すべき課題」として掲げていると見なします。また「使命数」は、両親から託された「運命のバトン」のような性質もあるため、特に若い時は重荷に感じることもあるかもしれません。

しかし、「使命数」は、神様やご先祖様、両親から与えられた宿題や試練、逃れようのない重荷ではありません。「使命数」は、「ねばならない」で克服するものではなく、私たちの後半生の人生に、やりがいと生きがいを与えてくれる人生テーマに他なりません。「使命数」が示す人生の課題、未来の方向性に気づくことがより重要であり、生きている内に「使命数」が表す課題を完全にクリアする必要はないと知ることが大切です。

[使命数の計算方法]

「生まれた月日」を単数にして、1桁になるまで足し合わせる。ただし、単数で足し合わせた答えが**11**になった場合のみ、それ以上足し合わせず、「使命数」は**11**を採用する。

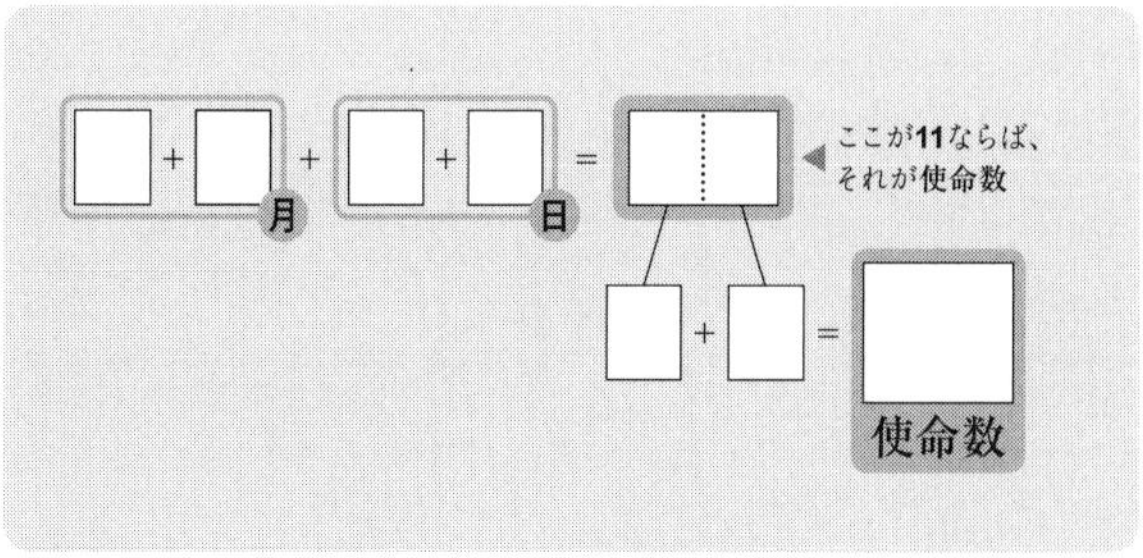

Examples

例1

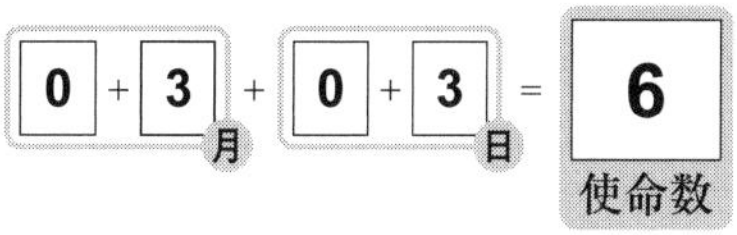

例2

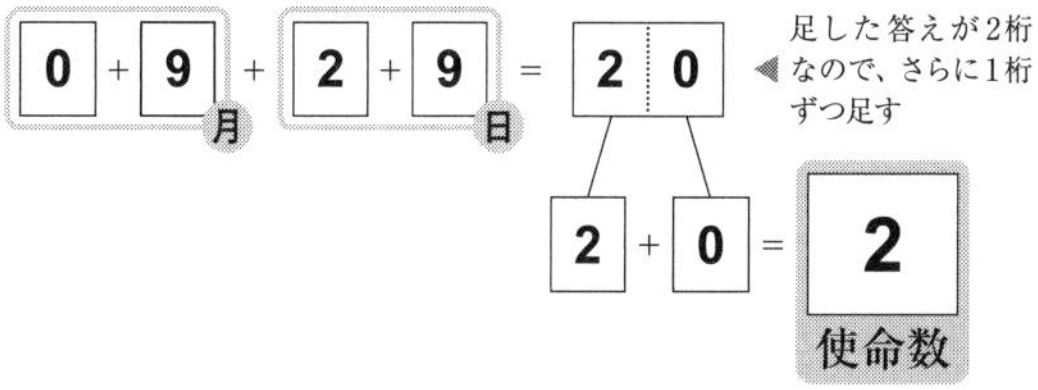

例3

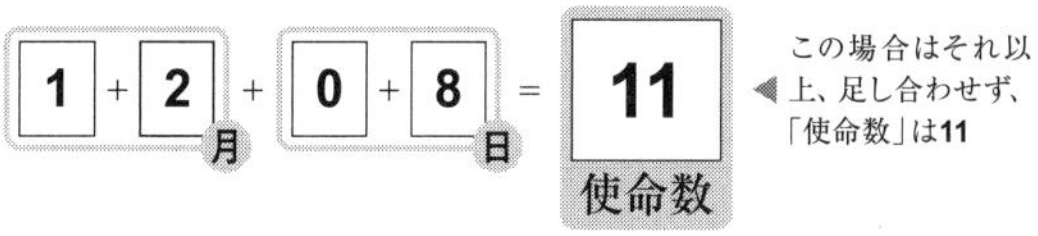

使命数 1

自らの人生に責任をもって決断し、自分の人生にリーダーシップを発揮しよう！

★今生の目標・課題≫ズバリ！「自分で決めること」が、今生のテーマです。人生の決断を他人に委ねないこと。自分の決断に自信と責任をもつことを、あなたは人生の課題・使命として掲げています。ということはそれだけ、優柔不断に陥りがちなのでは？　何かにつけ、よく迷ったり、人の意見に左右されたりという依存的傾向はありませんか？　だからこそ、あえて「リーダーに挑戦する」「リーダーシップを発揮する」ということを、今生の課題に選んで生まれてきたのです。「リーダーになる」という課題に挑戦する前に、まずは自分の人生に強いリーダーシップを発揮することが大切です。他人は他人。自分は自分です。自分で決めて、自分で道を切り拓き、自分らしい生き方を貫いていったその先に、リーダーとしてのお役目が自然に巡《めぐ》ってくることになるでしょう。

★陥りがちな傾向≫目立つことは嫌いで、どちらかといえば、人の陰に隠れていたいタイプ。自己主張は苦手で、責任をとりたくないので、出世や独立起業も本音では避けたいかも。周りの空気を読み、日和見《ひよりみ》的で、大勢に流されやすく、自分の下した決断に自信がもてず、クヨクヨと後悔してしまう傾向があるかもしれません。リーダーに対する憧れが強いだけに、理想とするリーダーには絶対服従のイエスマンになったり、理想像とは違うリーダーには反旗を翻《ひるがえ》して陰で足を引っ張ったりするなど、極端な反応になりがち。いきなりリーダーになろうとすると、プレッシャーにつぶされるだけ。尊敬できるリーダーを見つけ、その元でリーダーシップを学び、自分なりのリーダー像を確立していきましょう。

★未来の方向性 ≫「自らの中にある男性性を発揮する」ことが、未来のテーマのひとつ。その具体的な形として、「自分で決断し、その決断に責任をもち、自らの人生にリーダーシップを発揮すること」を意識してみましょう。そのために自らの内側に問いかけ、自分の本音に耳を傾けること。本音に気づいたら、周囲を気にせず、いい人は止めて、「イヤなものはイヤ」、「好きなものは好き」と自分の意見をはっきりと表現すること。実力が伴わないまま、無理してリーダーに挑戦すると、男性性のネガティブな部分が強調され、エラソーでわがまま、傲慢で支配的なリーダーになり、「裸の王様」のように孤立してしまうだけなので、要注意。まずは周りの意見に流されず、自分自身の人生にリーダーシップを発揮していくことが大切なのです。

★後半生の過ごし方≫人がふたり以上集まれば、必ずリーダー役が必要になります。それだけに、ずっとひとりで暮らしていくことはオススメできません。夫婦ふたりでも悪くありませんが、後半生は特に、できるだけ大勢の人とつき合っていきましょう。人の集まるところに積極的に出かけて、そこで自ら進んでリーダーやまとめ役に挑戦してみましょう。最初は勇気がいるかもしれませんが、グループ旅行の企画を立てたり、ちょっとしたパーティーや小さな集まりを自ら積極的に呼びかけて、仕切り役を買って出るなどで良いのです。シェアハウスに住んでみたり、自治会のまとめ役をしてみたり、多くの人と関わりながら、リーダーシップを学び、身につけていくことが、あなたの後半生のテーマです。

★苦手分野克服のワンポイント≫散歩やゲームなど、ひとりで完結する趣味よりも、団体スポーツやコーラスなど、仲間と一緒に創り上げていく活動的な趣味がオススメ。また日常の中で、常に「自分で決める」ことを意識して。他人の意見に流されず、何事も自分で決めて行動してみましょう。例えば、みんなで食事に行ったレストランで、誰よりも先に、自分の食べたいものを注文してみるのもいいでしょう。それを他の人と比べたり、後悔したりしないこと。そんな些細なことからでも、決断力やリーダーシップの力、人生を切り拓いていく力は養われていくのです。

使命数 2

「人の才能を引き出す」という楽しみを知るため
陰に回って、サポート役に徹しましょう！

★今生の目標・課題 ≫ あなたの実力は、誰もが認めるところ。しかし、スポットライトを浴びる人生だけが、決して良いワケでも価値があるワケでもありません。「使命数2」が、あなたの今生の目標・課題になっているということは、「自分だけが目立つのではなく、自分の意見は少し控えて、周りの人の意見にもっと耳を傾け、他人のために働きましょう」という使命が隠れていると知ることです。今までの人生で、あなたはたくさんの人に助けられ、支えられて生きてきました。今度はそろそろ、お世話になった人々への恩返しも含めて、あなたが今、お世話になっている人や周りの人をサポートする側に回る番です。実力十分のあなたが陰に回って、サポーター役・プロデューサー役に徹することで、より多くの人に光が当たり、活躍のチャンスが与えられることになるのです。

★陥りがちな傾向 ≫ あえてサポート役に徹することを、人生の使命に掲げているということは、本当のあなたは自己顕示欲の強い、かなりの目立ちたがり屋さんでは？　自分がチヤホヤされたり、注目されるのは好きなだけに、目立たない裏方に回ることに抵抗があるでしょう。他人の意見には耳を傾けず、自分の考えに固執して、ひとりよがりに陥りがち。感謝の気持ちはあっても、プライドが邪魔して、素直に「ありがとう」や「感謝している」「助かっている」という言葉が伝えられないところも。他人の素晴らしさを認めたり、褒めたりするのも苦手な、意地っ張りのところもあるのでは？　無理して陰に回るより、自らの得意分野を活かして、一緒に成功していくというサポート方法もアリです。

★**未来の方向性**≫ズバリ！「女性性の解放」が、未来の方向性です。その具体的な形が、「陰に回って、人をサポートする」という使命につながっていくのです。サポートといっても、いろんな形があるので、「人に合わせよう」「人の助けにならなければ……」と考えて無理をすると、自分も周りも苦しくなるだけ。この使命を意識し過ぎると、常に他人の顔色をうかがってしまったり、相手の反応ばかりが気になって、委縮してしまいがち。それでは人のサポートどころではなくなります。男女を問わず、まずは自分の中にある女性性を認めて、自分の弱さを認めること。その上で、人を支え、育み、育てていく、プロデューサー的立場の楽しさと面白さを味わってみるところから、始めてみましょう。

★後半生の過ごし方≫「人を助けたい」と願うあなたは、かえって依存的傾向が出やすくなることも。他人のお世話をして、他人に頼られることで、相手を依存させてしまうことになれば、本末転倒。なので、他人のサポートもほどほどに。自分ひとりの時間を大切にし、自分をいたわる時間を意識してもっと良いでしょう。自分が癒され、満たされて初めて、他人にもやさしくなれるのです。「応援したい時に、応援してあげたい人にだけ、応援してあげたいことをする」。そんなちょっと「ワガママなサポーター」を目指すぐらいで、ちょうどいいのです。そうすれば、あなたが自然に、心からサポートしたくなる「素晴らしいリーダー」や「素晴らしいタレント」にめぐり合えることになるでしょう。

★苦手分野克服のワンポイント≫人助けに、依存しないこと。人をサポートしようと意気込むと、サポートして欲しい依存的な人を引き寄せるだけ。ポイントは、「待つ」こと。待つことが苦手なあなたは、つい手や口、お金を出してしまいがち。誰かがサポートを必要としているように見えても、相手が自分から助けを求めてくるまでは、手出しをしない。せかしたり、催促したりせず、ただじっと「待つ」のです。それがあなたの今生の使命である、サポーターとしての課題を克服するための、貴重な一歩になるでしょう。

使命数

3

穢《けが》れを知らない子どものような無邪気さで、
人生を思い切り楽しみ尽くそう！

★今生の目標・課題 ≫人生の目標はズバリ！「子ども」に還ること。年とともに大人になるのではなく、年齢を重ねれば重ねるほど、子どものような純粋な好奇心や無邪気さを取り戻し、人生を楽しみ尽くすことこそ、あなたの人生の課題・目標です。そんなあなたは人生を少し難しく考え過ぎてしまう傾向があるのでは？　無理して大人のフリをしようとすると疲れたり、イライラしたりするだけ。対外的に立派な大人を演じていると、その反動で身近なパートナーや家族に対しては、ワガママを押しつけたり、子どもっぽい甘えが出てしまったりする傾向も。あなたはどこかで人に迷惑をかけてはいけないと思い込んでいるのではありませんか？　迷惑をかけたりかけられたりは、お互い様です。もっと肩の力を抜いて、「我が・まま」に生きていくこと。もっとシンプルに人生を楽しみ、心のままに人生を遊び尽くすことこそ、今生の課題であり、使命です。

★陥りがちな傾向 ≫今のあなたは、「子ども」の部分を抑え込み、きっと物分かりの良い、分別のある「大人」を演じていることでしょう。常識的で他人の目を気にしがちなところがあるので、子どものようにワガママをいったり、後先考えずに好奇心の赴くままに行動することには大きな抵抗があるのでは？　それだけに子どもっぽい人を見かけたり、自分勝手で自由に生きているような人を見ると、憧れもある反面、厳しく裁いたりしてしまう傾向もあるでしょう。常識的で安定志向の傾向もあるため、将来の不安に備えて、せっせと貯金をしている可能性も。もちろん堅実な生き方も悪くありませんが、生きている間にしたいことをして、「今」を楽しまないと、あの世で後悔することになるかもしれません。

★未来の方向性≫自分の中にある「子ども」の部分を認め、インナーチャイルドを癒していくことが、未来の方向性です。大人が良くて、子どもが悪いワケではありません。誰の中にも子どもの部分はあるもの。それを否定せず、認めて、存分に活かしていくことが大切です。そのために、過去にも未来にもとらわれず、今この瞬間を存分に楽しみましょう。さらに「楽」と「楽しむ」の違いや、「無邪気な子ども心」と「ワガママで子どもっぽい」ことの違いを学ぶのも、今生の重要課題です。「楽しいから笑う」のではなく、「笑っているから楽しい気持ちになり、人生が楽しくなる」という法則を忘れず、シンプルに笑っている時間を増やすことで、あなたの子ども心が解放されていくのです。

★後半生の過ごし方≫年を重ねても、みずみずしい好奇心を失わないことが、年をとらないヒケツ。年をとるほど若返るぐらいの気持ちが大切です。家の中でジッとしていてはダメ。とにかく新しい刺激を求めて、新しいモノやコトにドンドン挑戦していく、活動的な姿勢が大切です。孫の面倒をみたり、若者に何かを教えたりするなどして、エネルギーの高い子どもや若者とも積極的に交流しましょう。小さなペットを飼うのもオススメ。また知らない土地に出かけて、初めての人に会って、交流するのも良いでしょう。とにかく何でも面白がること。五感をフル活用し、子どものような好奇心を刺激して、新たな体験をたくさん積み重ねていくことが、人生の後半をさらに楽しくしてくれます。

★苦手分野克服のワンポイント≫「考える」のではなく、「感じる」ことをより重視するのがポイント。頭の中が空っぽになる、スポーツやダンス、歌や楽器の演奏など、アクティブ系の趣味に挑戦してみることをオススメします。漫才や落語など、日常の中に笑いの要素を取り入れて、一日一回は大笑いしてみると、子ども心がさらに刺激されるハズ。また、自分が子どもの頃にやっていた趣味やスポーツ、学びに再びトライしたり、子どもの頃、やりたくてもできなかった夢に挑戦したり、途中で挫折した習い事などに再びチャレンジしてみるのも、超オススメです。

中途半端、やりっ放しで終わらせない
自分のやったことをキチンと形に残していこう!

★今生の目標・課題≫「キチンと続ける」「あきらめず最後までやり遂げる」「自分のやってきたことを、目に見える形に残していく」などを、今生の使命として掲げている、あなた。それゆえ、どうしても、「ねばならない」の思いが強く出がち。「良い・悪い」「正しい・間違い」など、わかりやすい二者択一の価値判断で、物事を判断しがちな傾向は否めないでしょう。「正しさ」を追い求めるほど、「正しくない」ものが、目の前にクローズアップされてきます。「正しい生き方」を目指すより、「楽しい生き方」を意識しながら、自らの人生の軌跡を、誰にでも目に見えるような形に残していきましょう。「ねばならない」でがんばるのではなく、些細なことから楽しく取り組み、その生き方が、ひとつの作品として残るよう、形あるモノに仕上げていくことが、今生の目標・課題です。

★陥りがちな傾向≫どうしても「ちゃんとしなくては……」という真面目な性質が出やす

くなるのは避けられないでしょう。一見、正反対に見える、不真面目でアウトロー的な生き方に憧れて、道を踏み外すこともあるかもしれません。しかし、それは「ちゃんとできない」自分に対するイラ立ちの裏返しであり、正しく完璧にできない自分への見せしめであり、仕返しのような意味合いもあるでしょう。ちゃんとしたいのに、途中で投げ出し、いい加減になる。片づけられない。何事も続かない。すべてが中途半端に陥ってしまうのは、最初に設定した目標のハードルが高過ぎるからかも。最初から完璧を目指すのではなく、「できない」部分ではなく、「できた」部分を認めることから始めましょう。

★未来の方向性≫ズバリ！「継続する」ことが、未来の方向性です。完璧を求めるあまり、挫折も多くなりがち。完璧にしたいのに、できない自分を責めたり裁いたりすると、結局、周りの人も同じように、責めたり裁いたりすることになるので、要注意です。「キチンとする」「完璧にする」ことを目標に掲げるのではなく、「作品を残す」ことを意識してみましょう。例えば、「日記をつける」「SNSを続ける」「絵を書く」「焼き物を作る」「写真を撮る」「本を書く」「家を作る」「野菜を作る」などなど。とにかく第三者にも、目で見てわかるような形で記録に残し、それをコツコツと積み重ね、継続していきましょう。些細なことでも続けていけば、あなたの未来も、やがて目に見える形になっていくのです。

★後半生の過ごし方≫誰しも人生の終幕が近づくと、「何か」を残したくなるものなのかもしれません。本来、形あるものは必ず壊れてなくなりますが、形があるからこそ、伝わることもたくさんあるハズ。自分の生きてきた証を目に見える形で残していくことも、あなたにとっての使命のひとつ。それだけに、何事もやりっ放しにせず、記録に残しておくことを意識してみましょう。日常の些細なことで良いのです。夕食の献立を写真に撮って残したり、子どもや孫の成長の記録をつけたり、旅行日記を記したり、目に見えるモノを集めていく、コレクションでもかまいません。小さなことでも、日々積み重ねていくことで、あなたの「思い」が目に見える作品となって残っていくことになるのです。

★苦手分野克服のワンポイント≫「記憶」ではなく、「記録」に残すことが使命です。そのために、やりっ放しにしないこと。小さなことでも、ちゃんと完結させること。途中で他のことをしたりせず、ひとつずつの行動、行為をちゃんと終わらせてから、次へ移るよう心がけましょう。さらに「形に残す」ことが目的なので、形自体を評価しないこと。自分の作品ではありますが、他人と比べて、優劣をつけないこと。ひとつずつの「作品の質」より、「作品の数」を重視し、それを積み重ねていくことが、より重要です。

使命数 5

自由に生き、多くの人々をつなぐ コミュニケーター役に挑戦しよう！

★今生の目標・課題≫「自由とわがまま」の違いを学んでいくのが、今生の目標・課題です。自由とは何かを味わうために、今のあなたは自分をワザと不自由な環境に置いて、「不自由さ」を先に味わっているのかもしれません。心の底では変化を追い求めているのに、変化に抵抗し、目先の「安定」にしがみついてはいませんか？　どれだけ変化を遠ざけようとがんばっても、生きている限り、変化を避けることはできません。自ら変化するのか、それとも外側から変化させられるのか、ふたつにひとつ。「自由＝不安定」「不自由＝安定」です。自由と安定は、相反するもの。自らの意志で「安定」という名の不自由を手放し、不安定という名の「自由」を選択して、新たな世界に飛び出す時、初めて「自由」と「わがまま＝わが・まま」の違いが、腑《ふ》に落ちることになるのです。

★陥りがちな傾向≫自由を恐れて、自由から逃げ回っているような傾向はありませんか？かごの扉は最初から開いているのに、安定という名の鳥かごの中に閉じこもってはいませんか？　その場所から、自ら決めて自力で飛び出さない限り、あなたの本当の使命である、多くの人々をつないでいくコミュニケーター役に挑戦することすら、できません。安定を求めて、変化に臆病《おくびょう》になりがちでは？　石橋を叩いても、渡らない頑固さは？　決断に時間がかかり、動きが鈍くなることは？　本当は多くの人とつながりたいと思っているのに、自分の気持ちを伝えるのが苦手で、コミュニケーション不足から勘違いされることもあるのでは？　それらはすべて、この使命のために自ら用意した課題だと、気づきましょう。

★未来の方向性≫ズバリ！「人間関係の学び」が、未来のテーマ。多くの人の中で、自由に生きていくためには、「嫌われる勇気」をもつことが大切。すべての人に好かれなくていいし、実際に好かれることは無理です。ご縁のある人同士をつなぐのが、コミュニケーターのお役目であり、ご縁のない人を無理してつなぐ必要はありません。つないだあとは、その人たちにお任せすれば良いだけ。そこから先は、責任の範囲外と割り切ること。あなたの場合、物理的な移動距離に比例して、使命に近づきます。1か所にとらわれている必要はなく、2拠点、3拠点生活や、定住しないノマドライフもあり。とにかく身軽に移動する癖をつけることで、人間関係の幅も広がり、自由度も大きく拡大していくのです。

★後半生の過ごし方≫潜在的に安定志向が強いあなたが、いきなり大きく変化しようとすると、恐怖に足がすくんで動けなくなってしまうかも。まずは日常の中で、毎日必ず小さな変化を取り入れてみることを意識してみましょう。例えば、「メイクを変える、髪型を変える、通勤経路を変える、食事のスタイルを変える」など。とにかく何かひとつでも、毎日「変える」ことを意識して。変化の種は、人が運んできてくれるもの。新しい人とつながれる場所には、できるだけ積極的に出かけてみましょう。その中でたったひとりでよいので、新しい友人を見つけて、つながりましょう。そんな小さな変化とご縁が、あなたが自由な大空へと羽ばたく扉を開くカギ（キーマン）になってくれるかもしれません。

★苦手分野克服のワンポイント≫自由は、スピードが命です。「思いついたら、即実行！」というスピード感を養いましょう。フッと誰かのことを思い出したら、すぐに連絡してみる。メールやSNSなら、時間なんて気にしない。連絡するのに、理由なんか必要ない。もし迷惑がられたら、すぐに謝ればいいだけです。あれこれ悩まずに直感に従って、自由にスピーディに行動してみると、そこには思わぬラッキーや新たな展開が待っているハズ。使命につながる「即断、即決、即行動」をやり続けることで、予想をはるかに超える面白い世界が、あなたの目の前に広がっていくのです。

使命数 6

誰に対しても、見返りを求めない「無償の愛」を配りましょう！

★今生の目標・課題≫「無償の愛」とは何か？を探求することを、人生の目標・課題に掲げているあなた。あなたの場合、「家族」との関係性が大きなテーマです。あなたが母親であれば、なおさら。母親という立場を使って、子どもや家族に「愛の押しつけ」や「愛の押し売り」をしていませんか？　自分が勝手にやっていることでも、「こんなにしてあげているのに……」と、家族からの見返りを求めてはいませんか？　それは愛ではなく、偽善なのでは？　まずは自分自身を満たした上で、それでも溢れ出るものが、本当の「無償の愛」。「やってあげている」の意識では、支配やコントロールになるだけ。ポイントはあなた自身が心から楽しんでやっているかどうか。自分がやったことさえ忘れてしまって、「やりっ放し」にできた時、今生の使命である「無償の愛」が勝手に溢れ出すのです。

★陥りがちな傾向≫今生、愛を表現することに関しては、あなたは初心者マークつき。愛の意味もよくわからず、愛の表現がうまくできないのは、当たり前です。お人好しも、ほどほどに。本当は自分自身が一番「愛」に飢《う》え渇《かわ》いているのに、「愛を配らなくては」と思ってやる行為は、「無償の愛」とは似て非なるものです。特に身近な家族に対しては、お世話をする代償として、自分の持ち物のように私物化して、支配する傾向が出やすくなりがち。「あなたのためを思って」というフレーズが出たら、要注意。それは相手を自分の思い通りに操りたいという意識の表れ。おせっかいが過ぎると、執着が強くなるだけ。相手からの愛を求め過ぎると、粘着質で重たくなるだけなので、注意しましょう。

★未来の方向性 ≫家族関係での学びが、未来のテーマです。特定の家族と癒着したり、共依存関係に陥りやすいので、要注意。家族の面倒を見ることに依存しない生き方を心がけましょう。親や子どもであっても、あなたが必ず面倒を見なければならないワケではありません。第三者に託した方が、お互いにハッピーになることも珍しくありません。自分が直接、お世話することだけが「愛」の表現方法ではないと、知ることです。家族や身近な人に注いでいたエネルギーを自分自身に向けることが、今生の課題です。「人のため」より、「自分のため」。罪悪感をもたず、どこまで自分自身に「愛」を注げるか、自分自身を「愛」で満たすことができるかが、今生の使命達成につながっていくのです。

★後半生の過ごし方≫どんなにいいこと、素晴らしいことであっても、「ねばならない」ですするものではありません。「使命数6」のあなたは、ついついがんばって、他人のお世話を焼き過ぎる傾向があるかも。まずは夫婦や親子であっても、「他人の人生は他人のもの」と、割り切ってみることから始めましょう。家族を特別扱いしないこと。自立を早く促し、成長して家を出たら、ひとりの人間として、対等なつき合いを心がけましょう。周りに手がかからなくなったら、あとは「自分のため、自分を満たすため」に時間を使いましょう。美味しいものを食べ歩いたり、旅行に出かけたり、好きな趣味に没頭したり。後半生は人のことはあまり考えず、自分自身を喜ばすことをもっと優先してもいいのです。

★苦手分野克服のワンポイント≫抽象的な「愛」を配ろうとする前に、もっと具体的な「モノ」や「情報」を配ることを意識してみましょう。無理のない範囲でかまいません。たとえ飴玉ひとつでもいいのです。あるいは、多くの人に有益な情報をＳＮＳにアップすることでもかまいません。いずれにしても、大事なのは見返りを求めないこと。自分が楽しくできることで、さらに自分の気持ちをあげるために、目に見えるモノや情報を先に差し出す習慣をつけることが、「無償の愛」の分かち合いへとつながっていくのです。

使命数 7

小さなことでも、最後までひとりでやり遂げ、心身ともに、自立していこう！

★今生の目標・課題 ≫「最後までひとりでやる」「心身ともに自立する」ことが、今生のあなたの目標・課題です。ひとりでやるといっても、「好き勝手にやって、周りから孤立する」ワケではありません。自分勝手に孤立すると、かえって周囲に迷惑をかけることになり、結果的には依存の傾向が強く出てしまうので、要注意。趣味の分野でもかまいません。できる範囲でひとつずつ、時間をかけてじっくりと、「他人の手を借りず、最後までひとりでやれること」に挑戦していきましょう。ただし、そこそこで妥協してはいけません。自分の好み、スタイルは明確にして、自分らしく自立すること。心と身体、物理的にも経済的にも、バランスをとりながら、自分ひとりでやっていける範囲を徐々に拡大していくことが、今生の使命達成につながっていくのです。

★陥りがちな傾向 ≫自立と孤立の違いを学んでいくことが、課題です。それは言い換えれば、誰にも心を開かず、孤立しがちな傾向が強いということ。逆に自立から逃れるために、あえて身近な人に対して、依存的な立場をとる場合もあるかもしれません。特に女性の場合は、経済的に自立することができないとあきらめて、好きでもない相手と「仮面夫婦」を演じてしまう傾向もあります。自分からコミュニケーションをとりにいかないくせに、誰もわかってくれないと、周りに当たったり、自分の殻に閉じこもったりして、物事を途中で投げ出すような傾向もあります。問題をひとりで抱え込むことで、悲劇の主人公を演じていないか、要チェックです。

★未来の方向性 ≫ ズバリ！心身ともに、バランスよく自立することが、未来のテーマ。それだけに、今のあなたは自分に自信がもてず、自分の力を過小評価しがちなのでは？　まずは、無理のない範囲で自立の練習を始めましょう。本当に自立している人は、自分のやれることだけをキチンとやる人です。できないことを無理して抱え込むことはありませんし、苦手なことは上手に他人にお願いできます。真の自立のための第一歩として、できないことは「できない」とキチンと断ることから始めましょう。その上で、自分の興味あることに絞って、じっくり時間をかけて、最初から最後まで自分ひとりでやってみるのです。あなたの自立心に火がつけば、アッという間に自立した相手と、バランスよく自立した関係を結べるようになるかもしれません。

★後半生の過ごし方≫「ひとりの時間」を大切にして、ひとりで行動することに慣れていくことが重要です。夫婦であっても、常にふたりで行動するのではなく、時にはひとりずつバラバラになって、ひとりで考え、自分ひとりでなんでもやってみること。やってこなかった料理に挑戦したり、家庭菜園で野菜を育てたりするのも良いでしょう。陶芸や絵画、本の執筆、ハンドクラフトなど、インスピレーションを駆使して、ひとりで完結する趣味に挑戦してみるのは、オススメです。ただし、ひとりといっても、決して自分ひとりで「孤立」するワケではありません。ひとりで成し遂げた成果、創り上げた作品などを、みんなに見てもらい、自立した人同士でつながることも後半生のテーマです。

★苦手分野克服のワンポイント≫まず「ひとり」の時間に慣れることから始めてみましょう。お買い物やレジャー、旅行など、たまにはひとりでブラッと出かける体験をしてみることをオススメします。気ままなひとり旅などは、今生のあなたの使命を達成するためには、有効なエクササイズになるでしょう。最初はなんとなく、寂しいし心細いかもしれませんが、ひとりならではの気楽さ、気ままさもきっとあるハズ。ひとりならでは……の楽しさやメリットが見つかることで、ふたりの時間もまた違ったものになるでしょう。その経験が、今生の目標達成の大きな助けになるのです。

使命数 8

忙しいことを言い訳にせず、物心両面で、さらに豊かになろう！

★今生の目標・課題 ≫今生の目標・課題は、「困難に屈せず、現実的な成功を手に入れ、周りの人と豊かさを分かち合う」こと。そんなあなたは中途半端が嫌いなクセに、あきらめが早く、物事を途中で投げ出したり、あれこれと手を広げ過ぎて、どこに向かっているのか、何のためにがんばっているのかが、わからなくなるようなことはありませんか？現実的な成功を手に入れるプロセスは結構、地道な作業が多いもの。「物質的な成功」という派手な見た目にまどわされることなく、どれだけ地道に丁寧に、目の前にある仕事に取り組むかが、問われているのです。実力のあるあなたがエネルギーを集中させれば、成功は勝手についてきます。そこで得た豊かさをどれだけ多くの人と分かち合うことができるかが、あなたにとって、真の使命を果たせたかどうかを測るバロメーターとなるのです。

★陥りがちな傾向 ≫「お金」に対して、極端な態度が出やすくなるのは避けられないかも。

貧乏や大きな借金など、お金で苦労したり、お金ばかりを追いかけた生き方をしてみたり、あるいは、お金やお金持ちを嫌悪して、お金とは全く関係のない世界に逃避しようとしてみたり。さらにお金に恵まれたとしても、お金の使い方も極端になりがち。投資やギャンブル、贅沢や豪遊でパーッと散財してみたり、逆にひたすら貯金に励むばかりの生き方に陥る傾向もあります。お金やモノに執着し過ぎるのは問題ですが、またそれを汚いモノや卑しいモノとして扱う態度にも問題があります。お金の「ある・なし」に左右されることなく、お金の先にある、「本当の豊かさとは何か」を追い求める姿勢が大切なのです。

★未来の方向性≫ ズバリ！「お金の学び」が、未来のテーマ。物質世界であるこの三次元で、お金やモノなど、目に見える現実的な成功を手に入れるのは、とても価値のあること。最終的な成功や豊かさ、幸せといったものと、お金や物質的なモノとは関係ありませんが、現実社会の中で、お金や物質的なモノで解決できることはたくさんあるのも、また事実です。お金を通して、あの世とこの世、目に見える物質的な世界と、目に見えない精神世界とをつないでいくのも、大事な使命。まずは「お金とは何か？」について、キチンと学んでいきましょう。「お金はエネルギー」だと理解し、お金を純粋なエネルギーとして自由自在に扱えるようになることが、今生目指すべき未来の方向性になるのです。

★後半生の過ごし方≫物質的な豊かさを味わえるのも、肉体をもって生きている、この世ならではの醍醐《だいご》味《み》です。「美味しいものを味わう」「上質なモノに囲まれて暮らす」「最高級のおもてなしを体験する」「世界的な絶景を見にいく」など、この世ならではの豊かさを味わうことを、もっと自分に許可してみましょう。老後のために貯金するのも悪くはありませんが、お金を使う楽しさを味わうのも悪くはありません。お金がなくなれば、また楽しく稼げばいいのです。それがあなたの人生の目標でもあるのですから。お金を通して、物質的な豊かさを味わうことは、この世でしか味わえない喜びであり、貴重な体験なのだから。さらにその豊かさを多くの人と分かち合うことができれば、あなたが使ったお金もきっと喜んでくれるでしょう。

★苦手分野克服のワンポイント≫「現実的な成功を手に入れる」ことをチャレンジ目標に掲げているあなたは、「仕事を通じて、自分の力でお金を儲ける、稼ぐ体験」を味わうことから、始めてみましょう。具体的には自分で作ったモノをフリーマーケットやネットショップで販売してみたり、得意なことを教えて受講料をもらったり。ひとりでやるより、仲間とワイワイ準備しながら、ビジネスの基本を学んでいきましょう。好きを仕事にして、楽しくお金を稼ぐという体験こそ、使命達成につながる、最高の学びになるでしょう。

使命数

9

正しさの価値観で、周りを裁かず世界平和より、自分平和を実現しよう！

★今生の目標・課題 ≫常に世のため、人のためを優先し、「人の役に立ちたい……」「みんなが平和に仲良く……」と考えるあなたは、使命感を強くもち過ぎる傾向があるかも。世界平和の実現を目指して、自分ががんばるのは勝手ですが、自分の価値観を押しつけ、自らの正しさという物差しで相手を責めたり、裁いたりするのは考えもの。「人の役に立たないと自分の価値がない」と決めつける生き方は、苦しくありませんか？　自分を責めたり、裁いたりすることが、他人を責めたり、裁いたりすることにつながっていくのです。人は誰でも、「自分の正しさ」をもっています。それぞれの正しさ同士がぶつかるから、戦争になるのです。真の世界平和は戦争反対を唱えることではなく、自分自身を平和にすることでしか実現できません。その仕組みに気づき、そうした生き方を自ら貫くことこそ、今生の目標・課題になるのです。

★陥りがちな傾向 ≫「世のため、人のために働き、世界平和の実現のために努力すること」

は、確かに素晴らしい生き方で、文句のつけようがありません。それだけに、どうしても「正しさ」が強くなりがち。豊富な知識で理論武装した上で、正義感、使命感を大上段に振りかざし、みんなのためという大義名分で、他人を責めたり裁いたりする傾向が強くなるので、要注意。自分の正しさを、豊富な知識で証明しようとしないこと。人を助けたり、人に奉仕することに依存しない。この世に絶対的な「正しさ」など、存在しません。正しいことが、「いい」ことではないのです。ひとりよがりの「正しさ」で、人に説教をしたり、他人に指示・命令、コントロールすることを、人は偽善と呼ぶのですから。

★未来の方向性≫ズバリ！「真理の探究」が、未来のテーマ。最初は環境問題やエネルギー問題、貧困や差別、食糧問題、経済格差、戦争や平和などの社会問題への取り組みからあなたの使命は始まりますが、そこがゴールではなく、スタートです。それらの問題の先にある、「この世の仕組み」。さらにその先にある「宇宙の仕組み」を探求し、それを周りに伝えていくことに、あなたの本当の使命が隠されています。なので、中途半端な知識や「正しさ」で、周りの人を「良い・悪い」と裁くことは、よくよく注意が必要です。「これが絶対……」と思った時ほど、危険なサイン。どこまで行ってもゴールはなく、謙虚に学ぶ姿勢をもち続けることが、あなたを本当の使命へと導いていってくれるのです。

★後半生の過ごし方≫世界平和の実現を目指して、がんばる傾向のあなたは、どうしても人生を固く真面目に考え過ぎ。他人に厳しく、不正や不公平、間違いは許せなくなり、周りから敬遠されやすくなるので、要注意です。平和運動やボランティア活動に精を出すのはいいけれど、それはあくまで趣味の範囲で十分かも。それよりもっと、自らの人生を楽しむことにフォーカスしましょう。人生を楽しむことに罪悪感をもたないことが大切です。無価値観や罪悪感は、置いておいて。誰の役にも立っていない自分を認めて、許してあげましょう。もっと「我が・まま」に、自分を楽しませることを意識して。「がんばり過ぎず、楽しみ過ぎて」で、ちょうどいい。そのゆるんだ姿勢が今生で「上がり」を目指す、あなたの使命を後押ししてくれるのです。

★苦手分野克服のワンポイント≫「世のため、人のため」よりも、先に「自分のため」を優先して、自分の夢、理想、願望をしっかり認識することから始めましょう。自分を豊かにしたり、幸せにすることに手を抜かない。「いい人」の仮面は脱ぎ捨ててもいいのです。自分の夢や願望を紙に書いて、目につくところに掲げておいて、意識するのもオススメ。自分を満たす。自分を癒す。あなたの場合、自分の願望に素直に従い、自分優先で生きていくことが、結果として周りの幸せにつながり、世界の平和へとつながっていくのです。

使命数

11

目に見えない世界を謙虚に学び、そこでつかんだ真理を伝えていこう！

★今生の目標・課題 ≫「目に見えない世界を探求し、そこでつかんだ真理を多くの人に伝えていく」ことを今生の目標・課題にしているあなた。目に見えない世界に興味があるのに、怖がってワザと避けてはいませんか？　あるいは逆に興味本位に走って、現実から逃避して、スピリチュアルな世界だけにハマっていないでしょうか？　いずれにしても、目に見えない世界の探求にはゴールも正解もない、と知ることです。今生だけで完結できるテーマではなく、来世まで続く使命だと覚悟して、自分のペースで余裕をもって、探求していくことが大切です。「目に見える世界」と「目に見えない世界」は、常に表裏一体。「目に見えない世界」の真理を、「目に見える世界」で活かし、ふたつの世界を高いレベルでバランスよく調和・統合していくことこそ、今生のあなたの使命です。

★陥りがちな傾向 ≫「目に見えない世界」は、目に見えないため、三次元的に証明のしようがありません。そのため、「目に見えない世界」の探究にどっぷりはまり込んで、宗教や占い、スピリチュアルな世界に洗脳されてしまうことも。逆に「目に見えない世界」は一切信じないと、すべてを拒否する極端な唯物論《ゆいぶつろん》に陥る可能性もあります。さらに理解が不十分なまま、人づてに聞いたものを周りに言いふらす傾向もあるので、要注意。すると自分が放ったメッセージが大きく広がり、責任がとれず、ドロ沼にハマってしまう可能性も。右か左かの二者択一ではなく、右も左も、真ん中もあるという柔軟な考えを身につけ、バランス感覚を磨くことこそ、使命達成のために、最も必要な要素だと知ることです。

★未来の方向性 ≫ズバリ！「目に見えない世界とのつき合い方」こそ、未来のテーマです。
まずは今、あなたが関わっている仕事やお金、人間関係や健康などの分野から、その裏側にある「目に見えない世界」の法則を学びとっていきましょう。「なぜ、そうなるのか？」「本当に、それでいいのか？」という根源的な問いを、常に自分の内側に投げかけることが大切です。右脳と左脳、理論と直感など、相反するニュースソースの間でバランスをとりながら、学んだ知恵を自分のモノだけにせず、口コミやSNSを活用して、周りに伝えていきましょう。自らの責任のもと、大事なメッセージを伝えていくことで自らの理解も深まり、周りからの反応によって、学んで伝えた知恵がさらに磨かれていくのです。

★後半生の過ごし方》》「目に見えない世界の探求」という、ちょっと変わったことを人生の目標に掲げているあなた。そのために必要なのは、修行のために出家？　山ごもり？　滝に打たれる？　占い師に弟子入り？　もちろん、それにあなたがワクワクするのなら、それも良いでしょう。しかし「目に見えない世界」とは、どこか遠くにある「特別なもの」ではありません。太陽が昇り、花が咲き、人が生きていることなど、日常のあらゆる時間と場所に、「目に見えない世界」は遍在《へんざい》しているのです。日常の中の奇蹟に気づくこと。「特別なこと」ではなく、日常の中のフツーなことの中に、「目に見えない世界」の働きが息づいていることが感じとれる豊かな感性を磨いていくことこそ、あなたの後半生にとって、最も大事なテーマです。

★苦手分野克服のワンポイント》》あなたにとって、使命達成の最大のポイントは、「目に見えない世界」の存在を認めること。「ある」から始めるのか、それとも「ない」から始めるのかでは、雲泥《うんでい》の違い。よくわからなくても、「ある」から始めることで、「ある」という証拠が集まってくるのです。自分のヒラメキや「なんとなく」の直感を、疑ったり否定したりしないこと。自らの感性のアンテナを磨くため、瞑想やヨガを習慣にしたり、音や香りの効果を活かすなど、常に五感を研ぎ澄ませるよう、意識して暮らしましょう。

「メンター数」の活用法

「メンター（Mentor）」とは、ギリシャ神話に登場する「賢者メントール」を語源とする、「先生・指導者・師匠・お手本」を意味する言葉。自分がなりたい理想像に近い人を「メンター」にすると、人生の成長が加速するといわれています。

　そこから「数秘術」の世界でいう「メンター数」とは、今生での課題・目標を表す「使命数」の別名として扱います。自ら今生で目指そうとしている「使命数（＝メンター数）」と同じ数字を、今生での得意分野を表す「宿命数」や、特徴を表す「運命数」にもつ人のことを、自分の「お手本・サンプルになる人」（＝「メンター」）と見なします。ただし、同じ「メンター数」をもっていても、それが「宿命数」にあるのか、「運命数」にあるのかによって、「ホワイトメンター（＝良いお手本）」になったり、「ブラックメンター（＝悪いお手本・反面教師）」になったりすることがあります。

　特に夫婦や親子など、近しい家族同士は、お互いに「メンター数」をもっていることが多く、また職場の同僚、上司や部下、友人・知人などでも、好きな相手、苦手な相手、気になる相手などは、この「メンター数」をもっていることが多いので、要チェックです。

[メンター数とは……？]

「ホワイトメンター」＝自分の「使命数」と同じ数字を、「宿命数」にもっている人のこと。一般的には「好きな相手」「良いお手本」「憧れの存在」となるケースが多い。

「ブラックメンター」＝自分の「使命数」と同じ数字を、「運命数」にもっている人のこと。一般的には「苦手な相手」「悪いお手本」「反面教師」となるケースが多い。

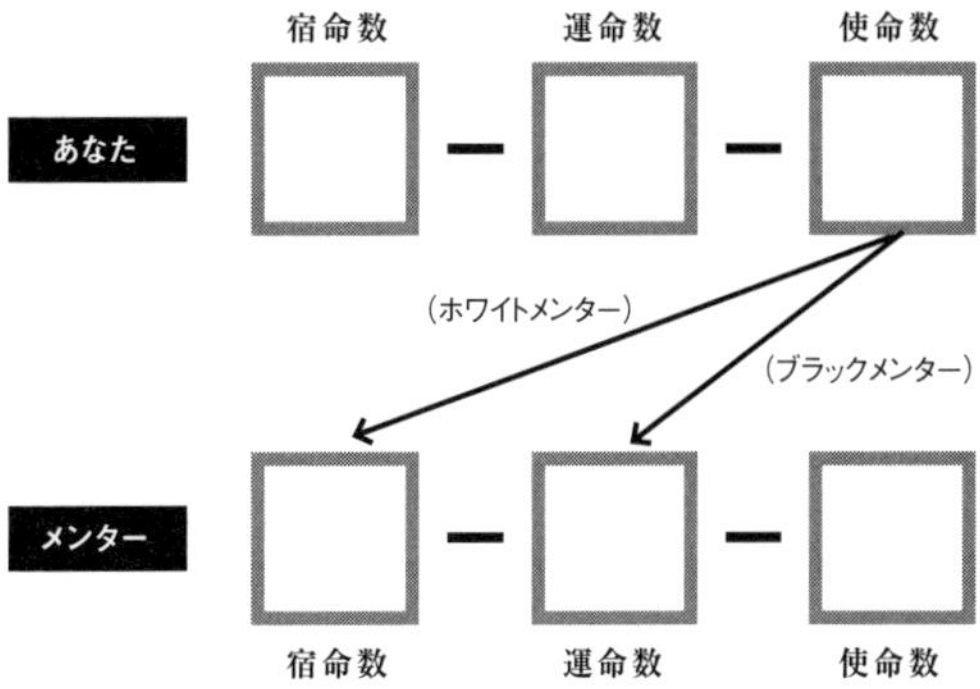

「メンター数」参考事例　星野源さん・新垣結衣さんの場合

星野源さん　1981年1月28日生まれ　**PN**：**1**－**3**－**11**

新垣結衣さん　1988年6月11日生まれ　**PN**：**11**－**7**－**8**

星野源さんの「使命数**11**」と、新垣結衣さんの「宿命数**11**」が同じ。この場合、星野源さんにとって新垣結衣さんは「ホワイトメンター（良いお手本）」になっていると見なします。

「宿命・運命・使命」３つのＰＮ《パーソナルナンバー》の関係性と読み解きポイント

「はづき数秘術」で個人を特定する３つの数字。「宿命数」は、「１〜31」の31分類となり、それはさらに「１〜９・11」の10グループにまとめられます。「運命数」は、「１〜９・11・22・33」の12グループ。「使命数」は、「１〜９・11」の10グループ。つまり、「宿命・運命・使命」３つの数字（パーソナルナンバー＝ＰＮ）の組み合わせは、グループ単位で診れば、10×12×10＝１２００通りとなり、「宿命数」の31分類を採用すれば、31×12×10＝３７２０通りのバリエーションがあることになります。

当然、「宿命・運命・使命」３つのＰＮが全く同じ数の並びになるのは、少なく見積もっても１／１２００の確率であり、非常に珍しいことです。

ただ、１２００通りのバリエーションがあるといっても、同じ生年月日の人は当然、３つのＰＮの並びは同じになります。だからといって、同じ誕生日の人が全く同じ運命をたどるワケではありません。

過去（生）を象徴する「宿命数」は、「人生のスタート地点」を表し、現在を象徴する

「運命数」は「人生のドライブルート」を表し、未来を暗示する「使命数」は「人生の目標地点」を表します。

ただし、「スタート・ルート・ゴール」が全く同じであっても、それぞれの人が「今」、どこにいて、どんな景色を見ながら、どんな人生ドライブをしているのかは人それぞれで千差万別。やはり人の数だけ、人生のバリエーションが存在するのは、当然だといえるでしょう。

（※次ページからは、3つのPNがダブっているケースの読み解きポイントについて、解説していきます。）

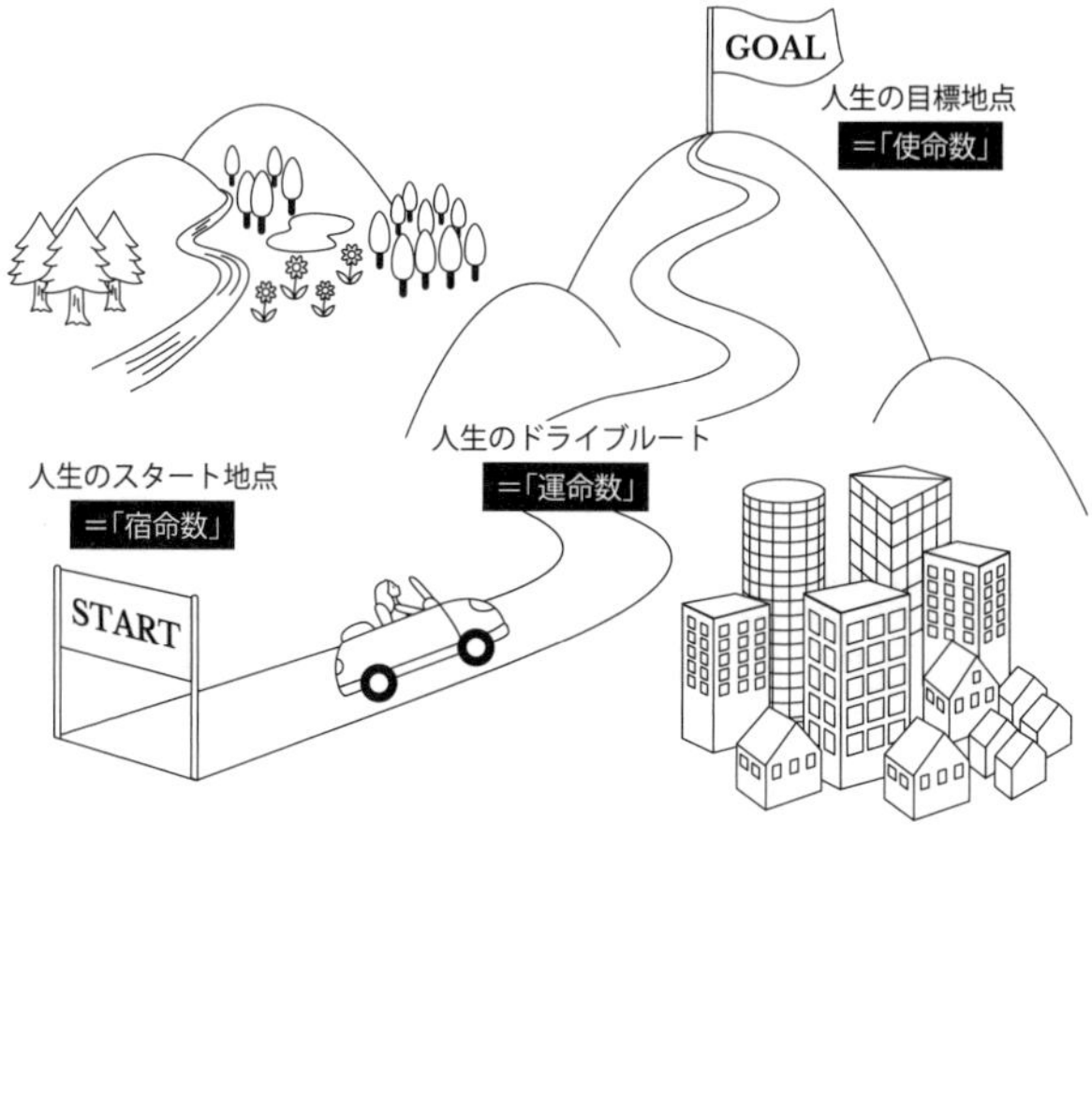

［ PNの読み解き（パターン1）］

Pattern 1

宿 — 運 — 使

3つの数字がすべて同じ場合

★ 数字のもつ性質が、長所・短所ともに極端に出やすい。

★ 同じひとつの数字しかなく、他に逃げ場がないため、自らの数字の性質を受け入れられるまでは、本人は苦しい。

★ その数字を自分で受け入れることができれば、才能が大きく開花する。

★「宿命数」の得意分野、「運命数」の才能、「使命数」の苦手分野が、いずれも極端に強く出やすくなるため、その数字を「極める」ことがライフワークに直結する。

★ その数字に無意識に抵抗し、ネガティブな特徴ばかり出ている場合や、全く違う性質が出ているケースも珍しくない。

Pattern 1 **に当てはまる有名人**

小澤 征爾	**1 — 1 — 1**	（1935年9月1日）
赤塚 不二夫	**5 — 5 — 5**	（1935年9月14日）
マイケル・ダグラス	**7 — 7 — 7**	（1944年9月25日）
松坂 大輔	**4 — 4 — 4**	（1980年9月13日）
朝青龍	**9 — 9 — 9**	（1980年9月27日）

[PNの読み解き（パターン2）]

Pattern 2

宿 ― 運 ― 使

「宿命数」「運命数」が同じ場合

★ まず、「宿命数（過去）」「運命数（現在）」と引き継いでいる、その数字の特性を今生で活かし切ることが優先課題。

★「宿命数」「運命数」の同じ数字が表す才能は、まず今生でピリオドを打つつもりで、活かし切り味わい尽くすことが肝心。

★ 他人から見れば、裏表のない「わかりやすい」人。

★ 自己評価と他者評価の間に、大きなズレがない。

★「使命数（未来）」の目標については、結果を早く求めようと急ぎ過ぎる傾向があるが、あまり意識し過ぎないことが大切。

Pattern 2 に当てはまる有名人

本田 宗一郎	**8 ― 8 ― 1**	（1906年11月17日）
明石家 さんま	**1 ― 1 ― 8**	（1955年7月1日）
ペ・ヨンジュン	**11 ― 11 ― 1**	（1972年8月29日）
松井 秀喜	**3 ― 3 ― 9**	（1974年6月12日）
大島 優子	**8 ― 8 ― 9**	（1988年10月17日）

［ PNの読み解き（パターン3）］

Pattern 3

宿 — 運 — 使

「宿命数」「使命数」が同じ場合

★「過去（宿命数）」でやり残したことがあるので、「未来（使命数）」に向かって再挑戦しようとしているようなもの（9月生まれは、ほぼこのパターンになる）。「過去」と同じ山の頂上を目指しているのだが、今生はルートが違う。

★「宿命数」として元々もっている得意分野をさらに極めようとするので「もういい」「十分だ」というあきらめが出やすくなる。

★ 自らの理想が高く、自分に厳しくなりがち。自分の内側に抱えているものと、周囲の評価が違うので、自己矛盾や葛藤が生じやすい。

★「運命数（現在）」の特徴を強調し、その才能を意識的に活かし切ることが重要。それが、同じ数字のため、特徴が極端に出がちな「宿命数」「使命数」とのバランスをとるためのポイント。

Pattern 3 に当てはまる有名人

東国原 英夫	**7 — 11 — 7**	（1957年9月16日）
松本 人志	**8 — 9 — 8**	（1963年9月8日）
東山 紀之	**3 — 7 — 3**	（1966年9月30日）
クルム伊達公子	**1 — 9 — 1**	（1970年9月28日）
中村 獅童	**5 — 33 — 5**	（1972年9月14日）

［ PNの読み解き（パターン4）］

Pattern 4

宿 ── 運 ── 使

「運命数」「使命数」が同じ場合

★「運命数（現在）」と「使命数（未来）」が同じだということは、今生から新しい目標に向かって、一歩を踏み出したようなもの。

★今生の「運命数」の才能は、過去生での経験が少ない「初心者マークつき」の才能だと理解することが重要。

★「宿命数（過去）」の得意分野と今生の方向性との間で、バランスをとることが大切（まずは「宿命数」の才能を意識して使いこなすことを優先する）。

★どうしても「使命数」の目標を意識し過ぎてしまうため、「ねばならない」が、強く出がちになるので要注意。

Pattern 4 に当てはまる有名人

みの もんた	**4 ― 3 ― 3**	（1944年8月22日）
藤井 フミヤ	**11 ― 9 ― 9**	（1962年7月11日）
叶 恭子	**7 ― 8 ― 8**	（1962年10月7日）
岡田 准一	**9 ― 11 ― 11**	（1980年11月18日）
妻夫木 聡	**4 ― 7 ― 7**	（1980年12月13日）

「戦隊ヒーローもの」が、必ず「5人組」になっている数秘的理由

男の子なら、誰もが一度は憧れる「○○戦隊○○ジャー」。これは半世紀近く前、1975年放映の「秘密戦隊ゴレンジャー」が、ルーツだとか。ではこの戦隊ヒーローものがなぜ、こんなに長く続いているのか？　そしてなぜ、５人組なのか、その理由を「数秘術」的に読み解いてみると……。

数秘術で診る「５」は、人間そのものを表す数字。「五体」「五本の指」「五臓」「五感」など、人間の身体は「５」を基本として作られています。さらに「５」は女性性を表す「２」と、男性性を表す「３」に分けられます。「５」はそうした男女両方の性質を内包している数字でもあり、戦隊ヒーローには、必ず女性が含まれているのも、うなずけます。

また戦隊ヒーローものには、合体ロボがつき物ですが、これは「頭・胴体」「左手」「右手」「左足」「右足」の「五体」が合体して初めて、人間の身体が完成する形をストレートに表現しているのです。つまり、戦隊ヒーローものは、小学校前くらいまでの子どもに、人間の成り立ちや、基本的な身体の仕組みを教えてくれる教育番組でもあるのです。さらに「戦隊ヒーロー」ものが半世紀の長きにわたって続いているのは、「５人組」という変化を象徴する数字で構成されており、時代の変化に対応できているからに他なりません。

第４章

選ばれし者だけが
天から与えられる
天命数

「天命数」とは……?

今生の人生全体を裏側から支え、「使命数」が表す今生の使命、人生の目標・課題の達成をサポートしてくれる陰の数字。「宿命数」「運命数」「使命数」の3つの数字を単数にして、1桁になるまで足し合わせて算出します。「天命数」は2桁のゾロ目となる「マスターナンバー」は採用せず、「1~9」の9グループに分類されます。

「天命数」は、その計算方法からもわかる通り、「宿命数」「運命数」「使命数」の3つの数字を今生で活かし切って生きる時、初めて天から与えられる、ワンランク上の「使命」=「天命」を表します。それゆえ、人生がまだ未成熟な段階で、「天命数」を意識し過ぎても、使いこなすことはできず、かえって負担になることもあるので要注意。

従って「天命数」は、あくまで「使命数」の方向性が明確になる、人生の後半生で活かすことが重要で、「使命数」と「天命数」はセットで読み解き、活用することが重要です。

「天命数」とは文字通り、天、宇宙、神から与えられたお役目であり、その数字の才能を活かし、天命を全うできる者は、1万人に1人程度の超狭き門。「天命数」が本格的に発動された場合、その天命に逆らって生きることはできなくなるので、覚悟しましょう。

[天命数の計算方法]

1980年**6**月**29**日生まれの人の「天命数」を算出するためには、まず、「宿命数」「運命数」「使命数」の3つの数字を算出する。

「宿命数」=「生まれた日」

2 + 9（日） = 11 宿命数

「運命数」=「生年月日」

1 + 9 + 8 + 0（年） + 0 + 6（月） + 2 + 9（日） = 35

3 + 5 = 8 運命数

「使命数」=「生まれた月日」

0 + 6（月） + 2 + 9（日） = 17

1 + 7 = 8 使命数

▼

「宿命数」+「運命数」+「使命数」=「天命数」

宿命数**11** 運命数**8** 使命数**8**

1 + 1 + 8 + 8 = 18

1 + 8 = 9 天命数

＊「天命数」には、2桁のゾロ目となる「マスターナンバー」は採用しないので、1桁になるまで、足し合わせてください。

1980年**6**月**29**日生まれの人の「天命数」は、「**9**」となります。

天命数 1

新たな道を自分の手で切り拓き、多くの人を新しい世界に導いていくこと

★天命の方向性 ≫あなたに与えられた天命は、新しい人生、新しい生き方を自らの力で切り拓いていくことです。あなたが行こうとする道は、まだ誰も通ったことがない、新しい道。ですから、従来の常識、過去の経験や先人の知恵などは、使えないと覚悟しましょう。当然、その先に何があるのか、どうなるのかは誰にもわかりません。それでもあなたは、新しい道を切り拓いていくことを「天命」として、選んだのです。あなたが歩いたところに、新しい道ができるのです。あなたが創った、その新しい道をあとから多くの人が歩き、その道を通って、新しい世界にたどり着くことになるのです。あなたが先駆《せんく》者《しゃ》となり、切り拓いた新しい世界へ多くの人を導くことこそ、あなたの天命の方向性です。

★天命の課題 ≫ズバリ！常に挑戦し続けることです。「これでいい」「これで終わり」というものはありません。前例のないことに挑戦するのですから、誰にも頼ることができませんし、常に試行錯誤がくり返されることになるでしょう。世間からは「無謀」「常識外

れ」という罵声を浴びせられるかもしれません。「それでも、あなたは挑戦しますか？」と、天から問いかけられているのです。些細なことでも、常に自分の意志で決めること。自分の身に起きたことは、すべて自己責任だと、覚悟すること。その強い覚悟がなければ、天命にたどり着くことは難しいといえるでしょう。

★天命にたどり着くヒント≫「新しい」が、天命にたどり着くためのキーワード。特に人生の後半生では、「迷ったら、迷わず、新しい方」を意識して、常に新しい道、新しい体験を意識的に選ぶことが大切です。人生、「守り」に入ってはダメ。「慣れ」は禁物。あなたには、選択の力が備わっているのです。いくつになってもワクワクする好奇心を忘れず、新しいことに挑戦し続ける時、天命へとつながる、新たな扉が開くのです。

★天命の活かし方≫「初物」「一品」「限定」「オリジナル」など、ひとつしかないものに触れる機会を増やしましょう。「新しいものほど、エネルギーが高い」のです。選ぶのなら、より新しい方を選択しましょう。世界にひとつだけのものを生み出すことが、あなたの天命。その天命を活かすためにも、毎日毎日、生まれたての赤ちゃんのような、まっさらな気持ちで、すべてのものを「初めての目」で見るよう、意識しましょう。

天命数 2

多くの人を陰から支え、輝かせ、人の喜びや幸せを自らの喜びとする

★**天命の方向性**≫ あなたに与えられた天命は、陰に回って、人の助けになることを、自分の喜びとすることです。多くの人を陰から支える、縁の下の力持ち役を自ら買って出て、ご縁のあった人々の才能を引き出し、その人らしさを輝かせること。誰にも気づかれなくても、何の見返りが得られなくても、サポートすること自体をどこまで楽しめるかが、天から問われているのです。目の前の相手の喜びは、私の喜び。相手の悲しみは、私の悲しみ。私と相手を分けないこと。私と相手は、常にひとつであると意識しながら、陰に回って、できることをさせていただく。周りの人の自由や豊かさ、喜びや幸せに貢献し、それが自分の喜びとなるまで高めていくことが、あなたが選んだ天命の方向性です。

★**天命の課題**≫ ズバリ！自我を増長させないこと。人に対するサポートや奉仕をしていると、どうしても「やってあげている」という意識や「自分はスゴイ！」という自負心が出てくるもの。そうなると、感謝や賞賛、お金やモノなどの、見返りを求める心が出てきます。そんな自我を認めて、どこまで手なずけられるかが、天命を生きる課題となります。「私がやっている」のではなく、「させていただく」「させていただける」というお陰様の精神を貫き、常に笑顔で淡々とサポートできるかが、天命を生きるカギになるでしょう。

★天命にたどり着くヒント≫「調和・統合」が、天命にたどり着くためのキーワード。自分の中にある「光と闇」「陰と陽」「男性性と女性性」「ポジティブとネガティブ」など、相反するもののバランスをとりながら、調和・統合していきましょう。「どちらか」ではなく、「どちらも」大事です。人に奉仕するばかりではなく、時には自分に奉仕することも忘れずに。自分を満たして、溢れ出るものが、本当の癒しや奉仕につながるのです。

★天命の活かし方≫まず、自分から遠いところにいる人を対象に、サポート・奉仕を始めてみましょう。身近な家族や友人などは、どうしても感情移入してしまいがち。なので、あえて遠い関係性のところから。ご縁ある幼稚園、学校、介護施設などへのボランティア活動や、地域の清掃、海外への支援活動、気になる人や団体へのサポートなど。自分のペースで、楽しくできるところから、人の役に立つ喜びを味わっていきましょう。

天命数 3

触れ合う人、すべてを笑顔にする
無邪気で、素直な子どもに還ること

★天命の方向性≫あなたに与えられた天命は、ワクワク心全開で、旺盛な好奇心の赴くまま、素直な心のままに、人生のすべてを楽しみ尽くすことです。年齢を重ねると、どうしても身体も心も強張《こわば》って、凝り固まってしまいがち。しかし、あなたの天命は、年をとるほどに、無邪気な子どもに還っていくこと。シンプルに、どれだけ人生を遊び尽くせるかが、天から問われているのです。大人の分別は置いておいて、純粋な子ども心全開で、やりたいことを思う存分やりましょう。そんなあなたの姿を、多くの人に見てもらうことで、周りの人の子ども心にも、スイッチが入るのです。生まれたての赤ちゃんのような無邪気な笑顔に、どこまで近づくことができるかが、あなたが選んだ天命の方向性です。

★天命の課題≫ズバリ！許すこと。忘れることです。子どもの特徴は、今を生きていること。子どもには、過去も未来もないのですから、後悔も心配もありません。過去のことを、どこまできれいサッパリ、許せるか。どこまで水に流して、忘れられるか。さらに未来に対する心配、不安をどこまで手放せるかが、天命を生きるためのポイントです。子どもには必要以上のお金も、モノもいりません。過去の思い、お金やモノに対する執着を手放して、無邪気な子どもとして生きられるかが、天命を生きるカギになるでしょう。

★天命にたどり着くヒント ≫「笑い・笑顔」が、天命にたどり着くためのキーワード。鏡の前で笑顔の練習をして、とにかく満面の笑顔を意識しましょう。楽しいことがあるから、笑顔になるのではありません。常に笑っているから、楽しいことが引き寄せられてくるのです。笑顔は、人に見てもらうためのもの。「あの人の怒った顔を見たことがない」と、言われるようになった時、あなたの天命が本格的に、発動することになるのです。

★天命の活かし方 ≫何事も難しく考え過ぎないこと。難しい顔をしているから、問題が引き寄せられてくるのです。お金、仕事、人間関係、健康など、あらゆることをできるだけ、シンプルにしていきましょう。そして創造力を発揮して、自分も楽しみ、周りを楽しませること。毎日、どれだけ笑って過ごせるか。どれだけの笑顔と笑いを生み出せるかを考え、実践することこそ、あなたに天から与えられた天命の活かし方になるのです。

天命数 4

**目に見えない世界からのメッセージを
目に見えるカタチに表し、残していくこと**

★天命の方向性 ≫ あなたに与えられた天命は、この地球上でしっかりと現実に足をつけ、人としての人生を全うすること。生涯を通じて、打ち込める仕事や趣味を見つけ、それをライフワークとして地道に、実直に継続していくことこそ、あなたに与えられた天命です。

さらにライフワークを積み重ねていく上で、天啓《てんけい》が降りてきた場合は、そのメッセージを目に見える形に仕上げることが大切です。それは家や建物という形でもいいし、商品という形でもいいし、芸術的な作品でもかまいません。いずれにしても、天から降りてきたメッセージを後世に語り継がれるようなカタチあるモノとして創り上げ、完成度を高めていき、多くの人に見てもらえるようにすることこそ、あなたの天命の方向性です。

★天命の課題 ≫ ズバリ！途中で投げ出さないことです。ひとつのことをやり始めたら、決してあきらめないこと。うまくできなくても、すぐに成果が出なくても、焦らず腐らず、コツコツとやり続けることが、天命を全うするための課題です。どうしても、あちこち目移りしてしまいがちですが、「初志貫徹」。「記憶より、記録に残す」と意識して。愚痴や泣き言、文句を言わず、目の前にやってきた人生の課題や頼まれごとを、ただ黙々とこなしていれば、やがて多くの人から認められる時が、必ずやってくるでしょう。

★天命にたどり着くヒント≫「継続・習慣化」が、天命にたどり着くためのキーワード。日常の些細なことでよいので、意識的に習慣化できることを増やしていきましょう。毎日、日記をつけるとか、ブログを書くとか、ＳＮＳに写真を投稿するとか、動画をアップするとか。目に見える形で確認できるものを続けていくこと。習慣化された、それらの記録が、ある一定数を超えた時、天命につながる天啓が降りてくることになるのです。

★天命の活かし方≫「継続は力なり」の言葉こそ、まさにあなたの天命を活かす道。例えば、土地や建物、歴史にまつわるもの。多くの人が使う商品やグッズ。宝石や彫刻、陶芸などの固いモノ。本や絵画など。とにかく「見える」「聞こえる」「触れられる」「味わえる」「数えられる」「記録できる」など、目に見えるカタチに残していくこと。自らが生きてきた証として、人生の作品を創り続けていけば、天命が発動しやすくなります。

天命数 5

何ものにもとらわれず、自由に生きて世界中の人々のご縁をつないでいくこと

★天命の方向性≫ あなたに与えられた天命は、自らの好奇心の赴くままに、あちこちを旅する自由な生き方を貫き、多くの人と出会い、世界中の人々のご縁をつないでいくこと。自由な生き方を貫くことこそ、あなたの天命の方向性ですが、自分ひとりで自由気ままに生きていくことが天命ではありません。自由な生き方の先にあるのは、多くの人々のご縁をつないでいくお役目です。人と人、地域と地域、国と国など、かけ離れたもの同士を、あなたがつないでいくのです。自分だけの自由は、ワガママになるだけ。相手の自由も100%受け入れた時が、真の自由。お互いの自由を認めて、初めて深い部分でつながることができるようになるのです。そんな魂のご縁結びこそ、あなたが選んだ天命です。

★天命の課題≫ ズバリ！常に人に興味をもち続けることです。人間関係の煩《わずら》わしさから、逃げてはいけません。この世の問題のすべては、人間関係に端を発するもの。ですから、人間関係が整えば、すべての問題は解決するといっても、過言ではありません。自分だけ

自由になるのは、単なる世捨て人。人の中で、互いの自由を尊重しながら、より深く相手を理解し、受け入れていく姿勢が大切です。常にオープンマインドで包み込み、細かい変化を見逃さない。こちらから先に「好き」の波動を投げかけることから、始めましょう。

★天命にたどり着くヒント≫「変化」こそ、天命にたどり着くためのキーワード。どんな人間でも、常に変化しています。あなたも相手も、「前と同じ」は、ありません。あなたが変化すれば、相手も必ず変化します。相手が変化していないように見えるのは、あなたが変化していないからに他なりません。だからまずは、自分から。外見、持ち物、環境、場所など、変えられるものは、自らドンドン変えていくことから、始めてみましょう。

★天命の活かし方≫新しい人・モノ・コトに対して、アンテナを立てておきましょう。同じ場所に留まらず、常に動き回り、新しい情報を仕入れては、周りに発信し続けていくことが大切です。「先に出す」から、「後から入ってくる」のです。新しい情報を発信し続けることで、周りからさらに新しい情報が入ってきます。新しいものは、常に人を経由して、やってくる。新しい人とのつながりを大切にすることが、天命につながります。

天命数 *6*

**見返りを求めない大きな愛で
身近な人を守り、教え、育んでいくこと**

★天命の方向性 ≫あなたに与えられた天命は、見返りを求めない大きな愛で、家族や身近な人を包み込み、守り、教え、育てていくこと。まさにそれは「無償の愛」の具現化であり、慈愛に溢れた母性の表現者になることです。ただ、近しい親子関係ばかりに注目していると、どうしても甘えや癒着が起こりやすく、共依存関係にも陥りやすくなるので、要注意。家族に愛を注ぐことだけが、愛に生きることではありません。そこに気づけるかどうかが、天命を全うできるかどうかの分かれ道。あなたにとって「愛」こそ、生涯のテーマです。「愛」の純度をどこまで高めていくことができるのか。真実の愛に沿った、純度の高い生き方が、どこまで貫けるかが天から問われていると知ることです。

★天命の課題 ≫ズバリ!愛する人を手放すこと。子どもに愛情をかければかけるほど、手放すことが難しくなります。愛情深いからこそ、愛という名の檻で、子どもやパートナー、身近な相手を抱え込んでしまいがち。自分と他人との境界線があいまいになり、家族を自分の一部のように扱い、コントロールする傾向も出やすくなります。すべては相手のため、良かれと思ってやることですが、あなたの良いが、相手にとっても良いかどうかは、別問題。愛を注いだ相手を、どこまで潔く手放せるかが、天から試されているのです。

★天命にたどり着くヒント≫「愛」こそ、天命にたどり着くためのキーワード。「愛」に対する理解が、天命への到達度を左右します。「真実の愛とは何か」を問い続け、真実の愛の生き方を貫くことが大切です。ギブ&テイクは、単なる取り引き。ギブ&ギブでも、押しつけや支配に陥りがち。与えるという意識さえなくなり、ただ自然に溢れ出るものが、真実の愛。この世のすべては愛でできていると気づけるかどうかがポイントです。

★天命の活かし方≫目に見える肉体や物質的なものだけを見ていては、天命は活かせません。目に見える世界の向こうにある、目に見えない世界のことを謙虚に学んでいきましょう。相手との関係を見るのではなく、自分の内側との関係を、もっと深めていくことです。「内なる自分」とつながった時、あなたの中から真実の愛が溢れ出してくるのです。その時、目の前の子どもや家族、友人との関係性も、劇的に変化することになるでしょう。

天命数 7

自分らしい生き方を貫き、独自固有のスタイルを確立すること

★**天命の方向性** ≫ あなたに与えられた天命は、自分らしさを思う存分に、その生き方で表現し、誰にもマネできない、オリジナリティに溢れたスタイルを完成させること。あなたには、お手本となる人も、師匠と呼べる人もいません。なぜなら、あなたの生き方は、完全にあなただけの独自固有のものだから……。それだけに試行錯誤も多いでしょうし、周りからは理解されにくいのも、覚悟すべき。中途半端に妥協したり、そこそこで満足していては、天命には到達できません。まさに孤高の戦士のように、ひとりで無人の野を歩むが如《ごと》く、自らの信念に沿って、信じた道をどこまでも深く極めていくこと。そのストイックな姿が多くの人に勇気を与え、自分らしさを気づかせるキッカケにもなるのです。

★**天命の課題** ≫ ズバリ！妥協しないことです。周りの目を気にせず、自らの信念に沿って、自分のスタイルを貫き通すことが大切です。唯一無二の存在として自立していくためには、一時的に孤立することになっても、恐れない。そのためにも、まずは自分の中に一本、芯

の通った考え、価値観を確立することが求められます。自分なりの芯や軸がなければ何を頼りに、どこに向かっていけば良いのかもわかりません。「何のために生まれ、何をして生きるのか」という深い問いに対する、明確な答えを自分の中で見出すことこそ、あなたが天命を生きるための重要テーマです。

★天命にたどり着くヒント ≫ 「自分らしさ」こそ、天命にたどり着くためのキーワード。自分とは何者かに対する答えを得ることこそ、あなたの天命。その答えが見つかれば、脇目もふらず、その道を真っすぐ突き進んでいくだけです。自分らしさを見つけるためには、「好きなこと」「時間とお金をかけたこと」「情熱を注いだもの」を探って、ひとつの分野に絞り込んでみること。そこに必ず、自分らしさを輝かせるヒントがあるハズです。

★天命の活かし方 ≫ あなたならではの作品を、目に見える形で創り上げていきましょう。あなたにしかできないこと、あなたにしか創れないモノ、あなたならではの表現方法。それらはすべて、あなたの作品です。それをＳＮＳなどを使って、多くの人に見てもらうこと。あなたの作品を評価し、広めてくれるのは、他人です。あなたはただ、自分のこだわりを探求し、それを表現していくだけ。その分業システムこそ、天命を活かす道です。

天命数 8

目に見える世界と見えない世界をつなぎ、豊かさをバランスよく循環させること

★天命の方向性 ≫あなたに与えられた天命は、目に見える現実世界と、目に見えないスピリチュアルな世界とをバランスよくつなぎ、ふたつの世界のエネルギーを統合していくこと。ふたつの世界はどちらか……ではなく、どちらも同じように大切です。どちらかに偏ってしまうと、どちらも失うことになるので、要注意。ふたつの世界をバランスよくつなぐからこそ、無限のパワーや豊かさが循環していくのです。物質的な豊かさと精神的な豊かさを、どちらも妥協せず、高いレベルで統合・実現していきましょう。物心ともの豊かさのエネルギーを貪欲に追い求め、現実的なレベルでキチンと両立させること。さらにそのふたつの世界から得られた、無限に広がる豊かさのエネルギーを、どれだけ多くの人と気持ちよく分かち合えるかが、天命の方向性となるのです。

★天命の課題 ≫ズバリ！自分を過小評価しないこと。あなたは自分が思っている以上に、パワフルなエネルギーに溢れています。なので、そこそこで満足したり、これで十分などと思ったりしないこと。あなたが豊かになればなるほど、より多くの人にその恩恵が行き渡ることになるのです。特に目に見える豊かさから、目を離さないこと。目に見えない豊かさばかりを求めると、現実離れしてしまうので要注意。常に経済的な視点を忘れず、物心両面の豊かさエネルギーを大きなスケールで回していくことが、天命の課題です。

★天命にたどり着くヒント ≫「無限のパワー」が、天命にたどり着くためのキーワード。自らの可能性を限定しないことが、とても大切です。あなたは忙しくなることを嫌う傾向がありますが、できることしか、あなたの元にはやってきません。なので、頼まれごとは断らず、果敢に挑戦してみましょう。大丈夫！　あなたなら、できる！　無限のパワーを活かす時、無限の豊かさが生み出され、無限の分かち合いという善循環が生まれるのです。

★天命の活かし方 ≫ 一度に同時並行に物事をこなす、マルチタスクに挑戦してみましょう。お金や時間の制限がある中で、追い込まれた時に無限のパワーが発動します。ワクワク全開で、いろんなことにチャレンジしてみましょう。目に見えない世界のエネルギーを、目に見える世界の豊かさに変えていくのは、あなたの天命。より多くの人と豊かさのエネルギーを分かち合い、循環させていくことで、無限のパワーがさらに拡大していくのです。

天命数 9

自らの経験や知恵を活かして世界平和の実現に貢献すること

★天命の方向性 ≫ あなたに与えられた天命は、あなたのもっているすべてを惜しみなく分かち合い、周りの幸せ、世界平和の実現に貢献すること。世界平和という大きな天命を掲げているだけに、無価値観や無意味感、罪悪感を抱えやすくなるので要注意。ポイントはまずは、あなたの世界を平和にすること。どこか遠くにある、まだ見ぬ世界を平和にすることはできません。あなたが平和にできるのは、あなたが創る世界だけ。実際にあなたが見て、聞いて、触れて、感じて、味わえる世界です。それは、あなたの中にある世界。世界平和を目指すなら、まずは自分平和を優先しましょう。それがあなたの天命の方向性。自分平和の実現こそ、世界平和の実現に貢献できる、最短コースだと知ることです。

★天命の課題 ≫ ズバリ！正しさで、他人を責めない。自分を裁かないこと。世界平和と戦争反対は、同じエネルギーの裏表。平和のために戦うことで、戦争が起きるのです。世界平和という、一見絶対的な正しさで、人を責めたり、裁いたりしないこと。すべてのことを「良い・悪い」でジャッジしない姿勢が大切です。人の役に立つ前に、自分の役に立つ。人を喜ばせる前に、自分が喜び、楽しむこと。幸せを分かち合うためには、自分を幸せで満たすこと。ただ自然に溢れ出るまで、自分を満たす。それが天命に至る課題です。

★天命にたどり着くヒント»「知恵」が、天命にたどり着くためのキーワード。豊富な知識も、自分の人生で活かせない限り、周りをジャッジするための「物差し」になるだけ。それではいつまで経っても、知識が知恵になることはありません。知識は自らの人生に使って、初めて知恵となる。知恵になっていない知識では、人を救うことも、周りの幸せに貢献することもできません。まずは知識を知恵に高めることが、天命への一歩です。

★天命の活かし方»謙虚に学ぶ楽しさを味わいましょう。知らないことを知る楽しみ。それを分かち合う喜び。それで人の役に立ち、喜んでもらう喜びを味わいましょう。「喜ばれる存在になる」ことを意識して、小さなこと、できることから始めてみましょう。温かい笑顔、やさしい声かけ、ゴミ拾い、ちょっとしたお手伝いなど、自分の喜びが、相手の喜びとつながる時、そこに平和が生まれ、それが天命を活かすことにつながるのです。

ジェームズ・ボンドが、「007」になった理由《ワケ》？

世界一有名なスパイ。「007」のコードネームをもつ、ジェームズ・ボンド。実は彼がここまで有名になったのは、「7」という数字のお陰だといっても過言ではありません。「スパイ」という職業柄、冷静さや完璧さを求められるのは当然。誰にも正体を知られないよう、直感も駆使しながら、常に「ひとり」で孤独と戦いながら、任務を遂行しなければなりません。さらに目指すは「完全な勝利」であり、そのためには、「ストイックな努力」を惜しまず、さらにその姿を周りに見せない「スマートさ」も必要になってくることでしょう。そう……、ジェームズ・ボンドは、まさしく「数秘術」で読み解いた「7」という「数字の暗号」を絵に描いたような人物設定になっているのです。

もちろんこれは、偶然ではありません。作者のイアン・フレミング氏は実際に、数秘術にも精通したイギリス情報部に所属していた経歴があるそう。もしそうなら、彼は「007」というコードネームに合わせて、ジェームズ・ボンドという小説の主人公を作り上げていった可能性も十分考えられます。そうでなければ、これほど「7」という「数字の暗号」に一致した主人公が誕生するハズはありません。世界一有名なスパイは「006」でも、「008」でもなく、やはり「007」でなくてはならなかったのです。

第5章

運命の波にのる

ライフ フローチャート

（人生周期表）

「はづき数秘術」で読み解く「運気の流れ・人生の9つの波」

この世のすべては、「波動」という「波の動き」によって成り立っています。これは原子レベルの微細なものから、潮の満ち引き、心臓の鼓動、月経の周期、景気の循環、宇宙を取り巻く天体の動きなどもすべて、波の動きに基づいた周期で循環しているのです。

私たちの人生も当然、この「波の動き」によって支配され、常に浮き沈みをくり返しながら動いています。人生における、この「波の動き」を読み解くための知恵が、「はづき数秘術」でいうところの「9つの波」の法則です。人生がなぜ、「9つの波」の周期で構成されているのかといえば、答えは簡単。基本の「数字」は「1〜9」までしかないからです。この法則を活用すれば、自分が置かれている現在の「波」の様子が手に取るように読み解けます。同時に過去の「波」を検証したり、未来の「波の動き」も簡単に予測することも可能になります。これはまさに「人生の天気図」を読み解くのと同じこと。

「自らの人生の波を知り、運命の波にのること」こそ、究極の成功法則です。運気の波さえわかれば、過去を後悔することも、未来を憂《うれ》うこともなくなります。自らの人生を司る「9つの波」＝「9サイクル」を知らずして、あなたの人生の成功はあり得ません。

[人生の９つの波の計算方法]

波を知りたい年の西暦と、あなたの誕生日（月日）の、それぞれの数字を下記のように足し算します。答えが**11・22・33**になった場合、それがあなたのその年の「サイクル数（運気の波）」です。それ以外は、合計が１桁になるまで足し算をくり返します。

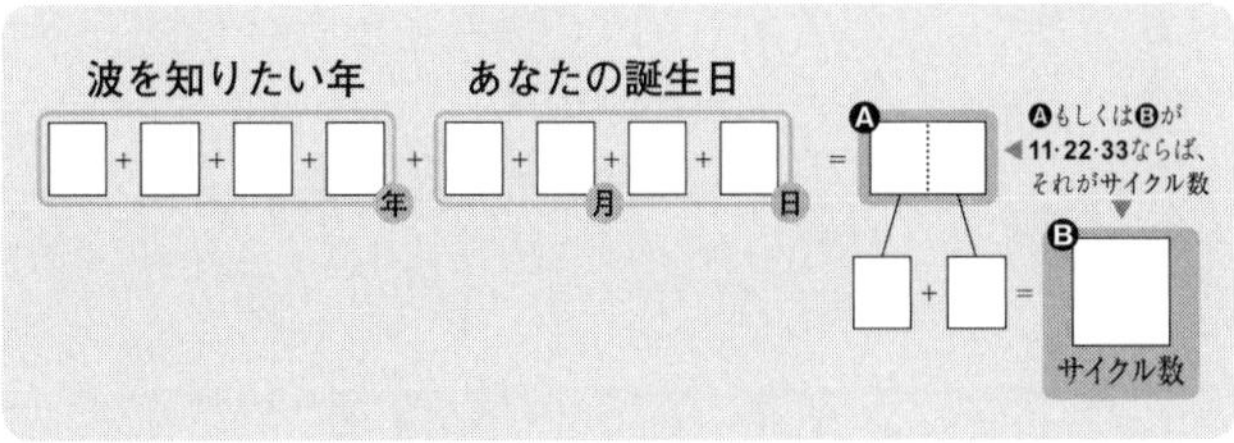

Examples

例1 「**5**月**19**日生まれ」の人の、「**2023**年」の「サイクル数」は？

2 + 0 + 2 + 3（年） + 0 + 5（月） + 1 + 9（日） = サイクル数 **22**

足し算の答えが**11**・**22**・**33**になったら、
それがあなたのサイクル数です。

例2 「**12**月**8**日生まれ」の人の、「**2025**年」の「サイクル数」は？

2 + 0 + 2 + 5（年） + 1 + 2（月） + 0 + 8（日） = 20
2 + 0 = サイクル数 **2**

「20」以外でも同じ。
例えば **39** → **3**+**9**= **12** → **1**+**2**= **3** ←サイクル数です。

「誕生日」が「個人サイクル」の起点

その年の誕生日から、次の年の誕生日までの１年間を「個人サイクル」と見なします。ただし、誕生日を境に、サイクルの流れがカチッと切り替わるワケではなく、前後１か月程度の移行期間があると考えます。特に年の後半（10月以降）にお誕生日がある方は、「個人サイクル」の移行期間の影響が前倒しで早め（３か月前辺りから）に出てくるケースも多いので、要注意。

［ **9つの波**の流れ、基本パターン ］

「9つの波」＝「9サイクル」は、「1－3」の「発展期」、「4－6」の「展開期」、「7－9」の「完成・成熟期」の3つに大別されます。さらにスタートの「サイクル1」、ピーク・転換点の「サイクル5」、ゴール・完結の「サイクル9」の3つの転換点を中心に、全体の流れを診ていくことが重要です。

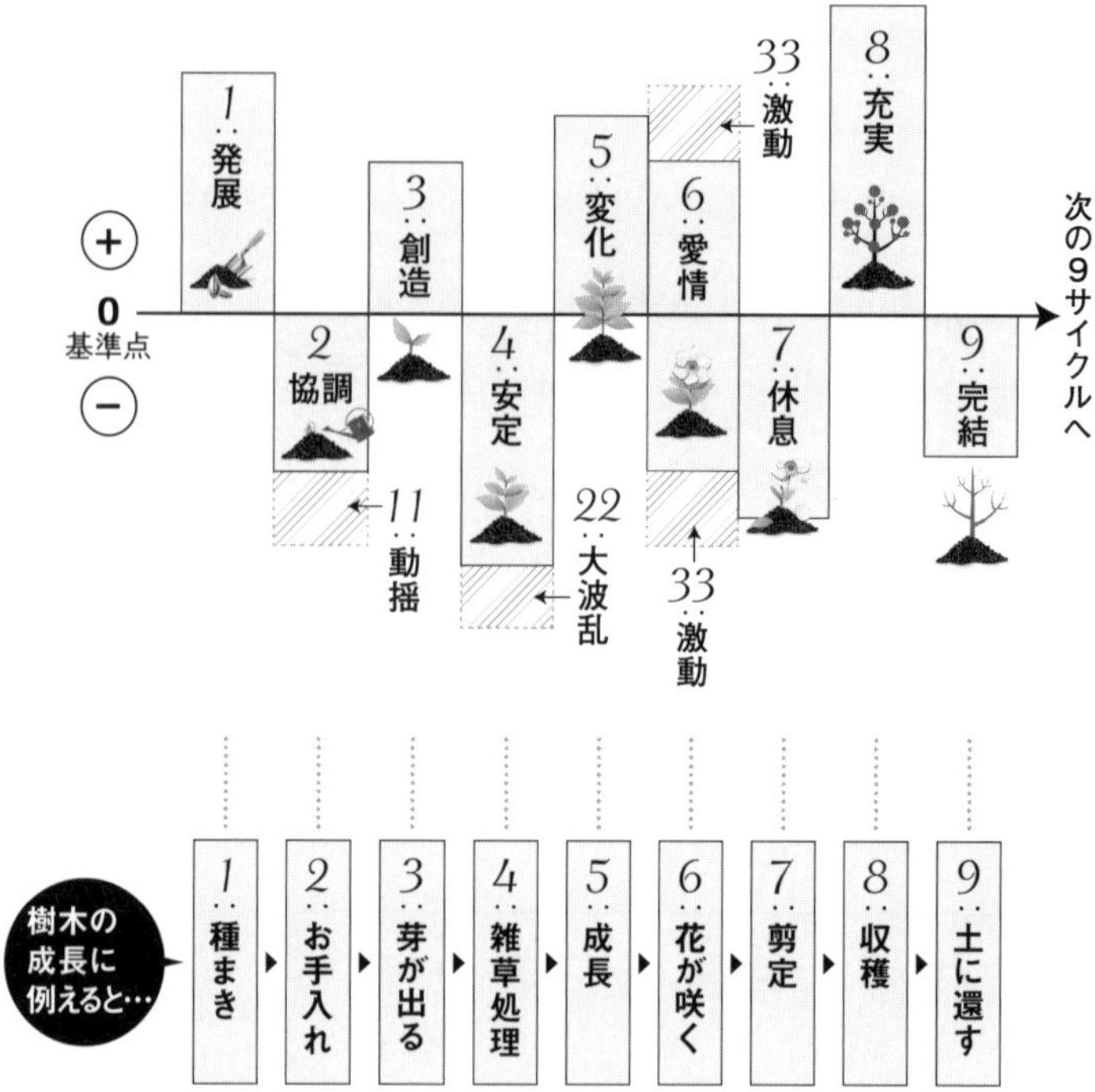

個人
サイクル
1

種まきの時期

向かうべき方向をはっきり決めて、最初の一歩を踏み出しましょう

★サイクルの意味≫「サイクル：1」は、「発展」。9年周期のスタート・始まりです。これからの9年間の流れを決める、非常に重要な年。外に向かって、積極的にエネルギーを投げかけていった方が良いタイミングです。樹木の成長に例えると、まさに「種まき」の時期。ここでどんな種をまくのかによって、8年後に収穫できる実が決まります。どこに向かうのか、方向性を決めて一歩を踏み出し、スタートを切るという明確な意志が何より大切です。

★活用ポイント≫新しいことを始めるのなら、この時期がピッタリ。今まで温めていたアイディアを実行に移すのには最適の1年で、チャンス到来です。結婚、出産、就職、独立、開業、転職や、新しい習い事や趣味に挑戦してみるのも吉。9年に一度の大きな切り替えのタイミングなので、ここで過去は一旦、リセットしましょう。今までの流れは断ち切り、すべてをリセットするようなつもりで、新たな気持ちで新しい道を切り拓いていきましょう。

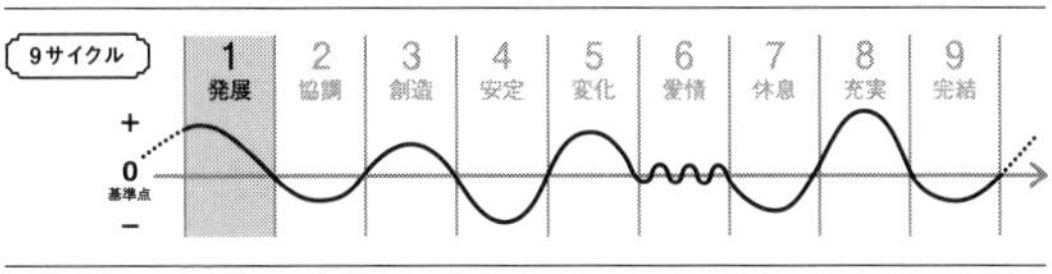

個人
サイクル
2

お手入れの時期

周りとの協調・調和を心がけ
サポート役に徹しましょう

★サイクルの意味 ≫「サイクル：2」は、「協調」。縁の下の力持ち、サポート役に徹した方が良い年です。樹木の成長に例えると、まさに「お手入れ」の時期。「1」でまいた種を育てていくため、協力者や仲間を募ったりして、地道に準備を整えていく時期です。自己主張は少し控えて、周りのサポートや聞き役に徹して、フォローしていくことで、結果的に自分のやりたいことが実現していきます。バランスを意識して、焦らず、慌てず、「急がば回れ」です。

★活用ポイント ≫「1」の年で始めた方向性が試されるような出来事が起こりやすくなるでしょう。勢い込んで始めたことが、思うように進まず、迷いやあきらめが出やすくなる時期ですが、ここで簡単にあきらめてはいけません。何か問題が起きても、安易に方向転換を考えるのではなく、逃げずにキチンと向き合う勇気が大切です。「1」で決めた方向性に対して、さらに一歩踏み込んでベストを尽くせば、真の協力者が必ず現れてきますから。

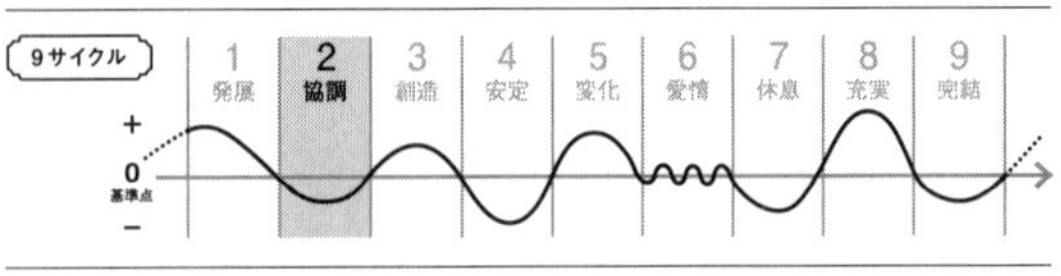

個人
サイクル
3

芽が出る時期

一進一退をくり返す中から、
新たな芽が出てくる楽しみな年

★サイクルの意味 ≫「サイクル：3」は「創造」。3は周期の最低単位を表す、ひと区切りのタイミング。「新しい芽」が出てきますが、すべてがすんなり進むワケではなく、創造と停滞など、一進一退の波をくり返す1年です。樹木の成長に例えると、「芽が出る」年。具体的に新たな動きや流れが見えてきますが、ここで成果を求めて、早く刈り取ろうとすると失敗する危険性も。ここまでの本流を無視せず、創造性を発揮して、さらにひと工夫してみましょう。

★活用ポイント ≫いろんな意味で新たな動きが出てくる年なので、その変化に一喜一憂しないことが大切です。調子に乗って、あれこれと手を広げ過ぎると方向性を見失い、「骨折り損のくたびれ儲け」に陥る可能性もあるので要注意。この年に思いついたアイディアは周りに話し、実際に試してみると、新たな流れを生み出すヒントやキッカケになるでしょう。ポイントは常に笑いやユーモア、遊び心や好奇心を忘れず、心の余裕をもつことです。

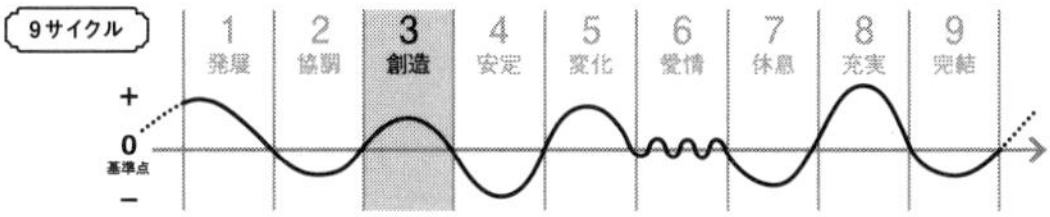

個人
サイクル
4

雑草処理の時期

しっかり足元を固めて、
土台作りに力を注いでいきましょう

★サイクルの意味≫「サイクル：4」は「安定」。現状維持の年です。「安定・堅実」「固定・停滞」の1年になります。大きな変化は望めず、動きの少ない年ですが、「土台作り、基礎固め」の大事な時期です。樹木の成長に例えると、「雑草処理」の状態。変化の乏しい地道な作業が続き、現実的な成果を受け取ることも難しいので、忍耐を強いられますが、ここが踏ん張りどころ。この1年の努力、がんばりが、9年周期全体を左右することになるでしょう。

★活用ポイント≫9年周期の中では、実力を養うための一番しんどい時期です。現状維持ができれば十分と考えて、あまりジタバタ動かない方が得策です。この時期の、大きな変化（別れ、転職、独立など）は、ちょっと待って。ここは感情に流されず、もう一度、考え直した方が良いでしょう。特に掃除を徹底して、部屋のお片づけ、整理・整頓など、不要なモノを処分して、身の回りをスッキリと保つようにすれば、良い流れを引き寄せられるでしょう。

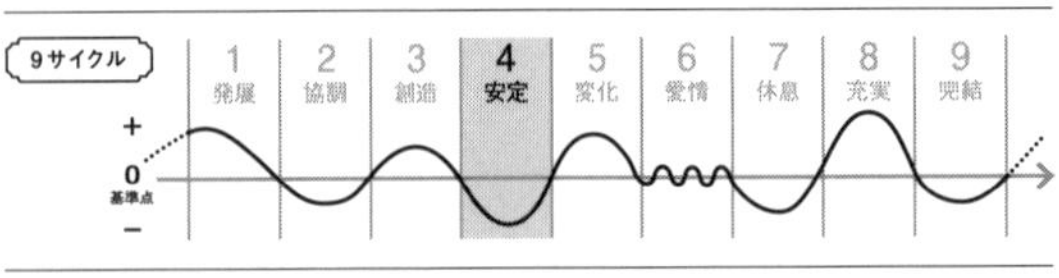

個人サイクル 5

変化・成長の時期

新たな世界が広がる変化の時、
不安定で刺激的な転換点です

★サイクルの意味 ≫「サイクル：5」は「変化」。変化の波が激しく、刺激的ですが不安定な年です。9年周期のちょうど真ん中に当たり、折り返し地点、転換点に当たります。樹木の成長に例えると、「成長」の時。大きく変化・成長する時期なので、それに伴って従来の人間関係も変化せざるを得ないと覚悟しましょう。変化するということは、波にのっている証拠だと割り切り、さらに積極的に変化していくことが、この年の波にのるポイントです。

★活用ポイント ≫今まで慣れ親しんだもの、過去の成功体験、なんとなく続いている人間関係など、あなたの成長に伴って、古くなったものは、ここで潔く脱ぎ捨てる必要があります。この時期はあれこれ目移りしてしまって、気持ちも不安定になりがちですが、挑戦する勇気を大切にすること。フットワーク軽く、自由に動いていきましょう。直感やワクワク心を信じて、力強く一歩を踏み出せば、今までとは違う新しい世界が広がることになるでしょう。

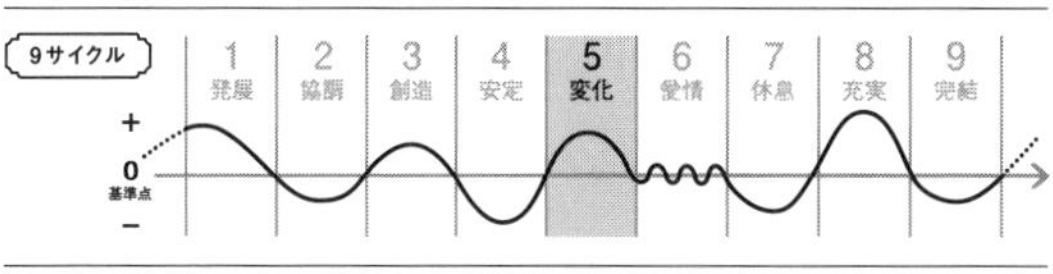

個人
サイクル
6

花が咲く時期

どちらに転ぶか、わからない
身近な人との愛や絆を試される年

★サイクルの意味》「サイクル：6」は「愛情」。信頼と援助の年です。家族など、身近な人間関係の中で、愛の深さが試されるような出来事が起こる可能性が大。この時期には良いことも、悪いことも起こる可能性があります。起こった出来事に対して、どう対処していくのかが、今後の人生の成果を決める大事な分岐点となるでしょう。樹木の成長に例えると、「花が咲く」時。見た目は派手で、わかりやすい出来事が起こりやすいタイミングです。

★活用ポイント》特に女性の場合、人生の節目となる「結婚」「妊娠」「出産」などを経験しやすい時期です。この年は、一見嬉しいこと、喜ばしいことも多いのですが、だからといって、イヤなことや辛いことが人生からなくなるワケではありません。どうでもいい人と、人間関係でもめることはありません。相手からの愛情を求めず、自分自身を常に愛で満たし、自分から先に愛を投げかけることが、人生に美しい「花」を咲かせ続けるためのコツです。

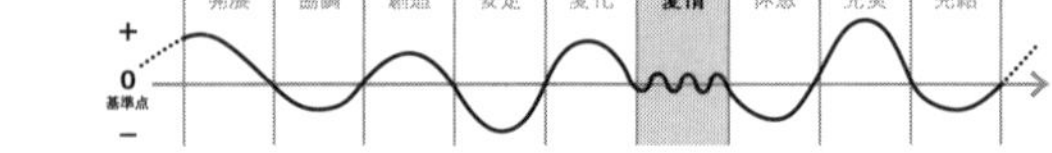

個人
サイクル
7

剪定の時期

収穫に備えて、不要なものは手放し、自らの内面を充実させましょう

★サイクルの意味 ≫「サイクル：7」は「休息」。自分を見つめ直す内観・自分磨きの年。今までの生き方を見直さざるを得ないような出来事が起こりやすい1年です。ひと息入れて、意識的に少しペースダウンしましょう。樹木の成長に例えると、「剪定」の時期。自分自身の「お手入れ・メンテナンス」に努めるタイミングです。特に精神面を見つめ直し、不要な価値観は手放し、収穫の時期に備えて準備を整え、内面の充実を心がけることが大切です。

★活用ポイント ≫収穫のための準備の一年。ここは変化や拡大、成果を追い求めるのではなく、ひとりの時間を大切にして、その中で新しいスキルを身につけたり、知識を蓄えたりして、内面を充実させることに時間とお金を投資するように心がけましょう。さらに、きたるべき成果を受け取るための準備として、「空きスペース」を作っておくことも重要。長期休暇をとるのも◎。「休む」「止まる」「辞める」など、強制停止ボタンを押されないよう、要注意。

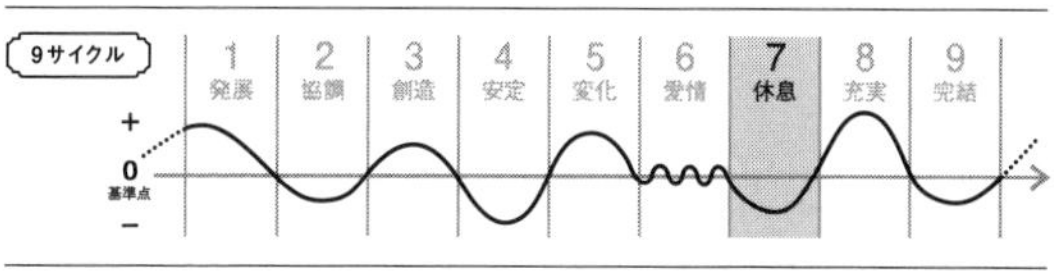

個人
サイクル
8

収穫（実が成る）の時期

目に見える成果が受け取りやすい、実り多い、充実の1年です

★サイクルの意味 ≫「サイクル：8」は「充実」。願望達成・実現の年。9年サイクルの中で、最も現実的な形で成果を受け取ることができるラッキーな年です。ここで「美味しい実」を収穫するために、ここまでの7年間は準備してきたのです。樹木の成長に例えると、「収穫」の時期。目に見える形で恩恵、ギフト、豊かさが降り注ぎやすい時。ここは良い流れを感じたら、躊躇《ちゅうちょ》せずアクセルを全開にして踏み込んで、一気に流れにのることが大切です。

★活用ポイント ≫今までの積み重ねてきた想いや行動が現実的な形になりやすく、「結婚」「昇進」「新築」など人生の一大イベントが集中しやすい楽しみな1年です。しかし、単なる棚ぼたを待っていてもダメ。ここは今まで投げかけていたものが返ってくる時期であり、これまでの7年間の審判が下される時だといえます。幸運にも「美味しい実」を味わえた人は、それをひとり占めせず、多くの人と分かち合うことで、さらなる幸運が引き寄せられます。

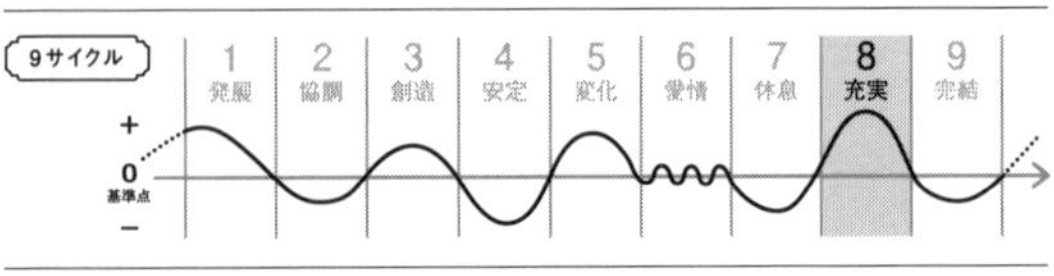

個人サイクル 9

土に還す時期

今までもっていたものに執着せず、気持ちよく手放しましょう

★サイクルの意味≫「サイクル：9」は「完結」。9年周期の総決算、終わり、仕上げ、区切り、手放しの年です。また次の9年周期に向けて、新たな方向性を探るための準備段階の時期。樹木の成長に例えると、「土に還す」時期。この9年周期での収穫はすでに終えたので、このステージでの学びはここで終わり。ひとつのサイクルをやり遂げた今、有形・無形の知恵や経験が財産となっているので、そこを信頼して、新たなステージへ進む準備をしましょう。

★活用ポイント≫この年は、次の周期に持ち越すものと、手放すものとをはっきり取捨選択していくことが求められます。常に厳しい選択を突きつけられ、難しい決断を迫られることになるのは避けられません。ここは大きく進路変更するチャンスなので、流れを変えたいのなら、思い切って大胆に手放す勇気をもつことが大切です。古くなった人間関係、仕事、住まい・環境などとは、ここでキッパリとお別れして、身軽になっておくことが大切です。

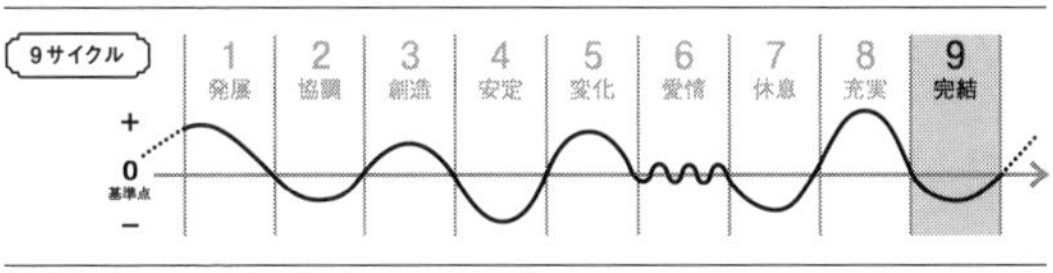

個人
サイクル
11

間引きの時期

人間関係の中で気持ちが大きく揺れ動く、
精神的に不安定な1年です

★サイクルの意味≫「サイクル：11」は「動揺」。よりスピリチュアルな気づきを受け取りやすい時期に当たっています。精神面で安定せず、常に気持ちが揺れ動く1年になるでしょう。樹木の成長に例えると、まさに「間引き」のタイミング。前年、まいた種から出てきた芽から必要なものだけを残し、あとは思い切って処分（＝間引き）すること。そうしたシビアな選択を迫られた時こそ、自らの直感やヒラメキを信じて、活用することが重要になるのです。

★活用ポイント≫人間関係において、特に大切な人との別れや裏切りを経験しやすい時期ですが、そこから何を学びとるのかが、問われているのです。この1年は、「チャンスカード」のようなもの。この時期の「別れ」は、過去のしがらみという「重り」を外して、軽くなるという効果もあるので、必要以上に恐れないこと。新しい方向性に向かって、成長を続けていくためには、古い関係性にはここで、ケジメ（＝間引き）をつけておく必要があるのです。

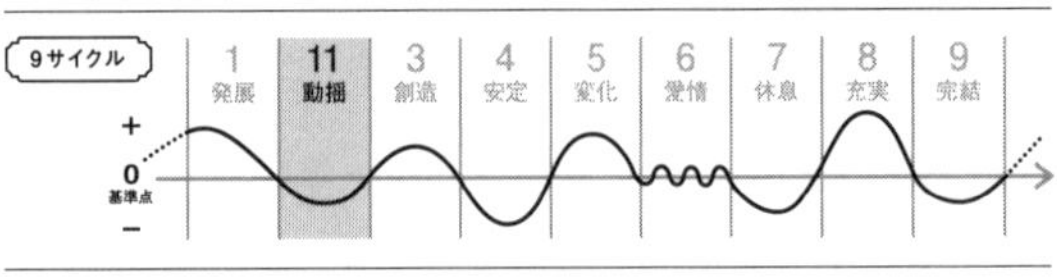

個人
サイクル
22

嵐の時期

予測不可能な出来事に翻弄《ほんろう》されやすい、変化の波が大きい大波乱の1年

★サイクルの意味≫「サイクル：22」は「大波乱」。とにかく変化の波が非常に大きな、「大変な年」です。思わぬ幸運に恵まれる可能性もある反面、予想できない出来事が次々と降りかかり、気分的にもアップダウンが激しくて落ち着きません。ここは人生が大きく変わるターニングポイントになる可能性も。樹木の成長に例えると、突然「嵐」が発生したようなもの。この「嵐」は、あなたという樹を強く、大きく育ててくれるための試練に他なりません。

★活用ポイント≫まずは「(自らの人生に)大きな嵐が起こりそうだ」という情報を得ることこそ、最良の対処法です。「人生の嵐」とは浮気や不倫、離婚。病気や事故、リストラ、倒産、借金などなど。もちろん、奇跡的なラッキーが起こる可能性もありますが、ネガティブな現象が起こりやすくなるのは避けられません。そんな「人生の嵐」からは、決して逃げないこと。必要以上に恐れず、ひとつずつキチンと対応していけば、必ず道は拓けます。

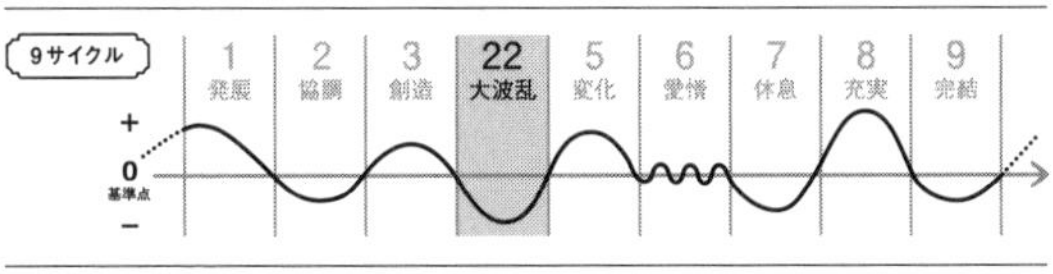

個人
サイクル
33

突然変異の時期

人生が180度、転換する可能性もある、激震、激動、大転換の年です

★サイクルの意味≫「サイクル：33」は「激動」。思いも寄らぬ、激しい転機が訪れる「大転換の年」です。それまでの人間関係や仕事、生き方や人生観が180度、ひっくり返ってしまうような、思いがけない事故や大きなケガ、身近な人との突然の別れなど、衝撃的な出来事が起こる可能性があります。この「激動の年」の経験を活かせば、あなたの人生は劇的に変化し、全く新しい自分に生まれ変わる可能性もあります。樹木の成長に例えると、「突然変異」。「サイクル：33」は9年周期の中では、「サイクル：6」の「花が咲く」時期に当たりますが、咲いた花が予期していたものとは全く違うため、どうして良いのか、わからなくなるというイメージです。ただし、この「サイクル：33」になる年は、2000年代に入ると計算上、ほとんど出てきません。この「33：激動」のサイクルは1900年代後半から、2000年になるまでの時代の変わり目にこそ、必要な「突然変異」だったといえるかもしれません。

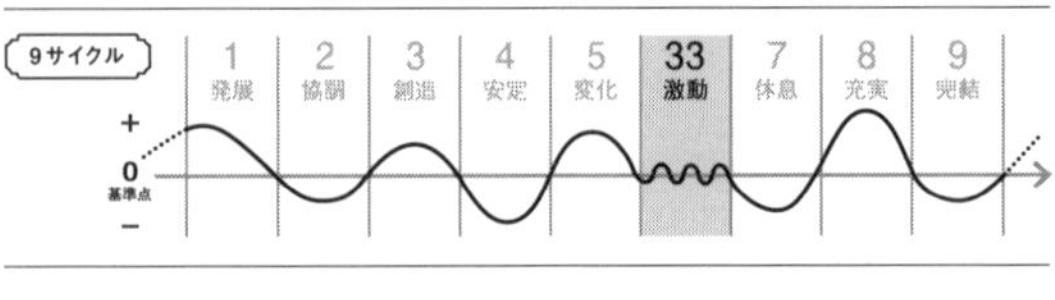

「社会サイクル」とは……？

人間を取り巻く社会の動き、国や地域、世界全体の動きが個人個人の生活にどのような影響を与えているのかを知るために活用するのが、「社会サイクル」です。

「社会サイクル」は、文字通り「社会全体の大きな流れ」を表します。「個人サイクル」が1本の「小川」のようなものだとすれば、「社会サイクル」は個人レベルではどうしようもない「大河」の流れを表すもの。個人レベルから、自分の外側を取り巻く社会に対して何かを投げかける時（仕事、お金、人間関係など）は、「社会サイクル」を意識しておくと、より大きな運気の流れにのりやすくなります。

［ **社会サイクル**の計算方法 ］

調べたい西暦年号を1桁ずつ、単数で足して算出します。西暦を足して算出した答えが2桁になった場合は、さらに1桁になるまで足していきます。ただし、足し算した答えが、「**11**」「**22**」になった場合はそのまま採用します。なお、現在まで西暦をすべて足して「社会サイクル」が「**33**」になる場合はありません。

例 **2026**年の「社会サイクル」を知りたい場合は……

2 + 0 + 2 + 6 = 10

1 + 0 = **1**

2026年の「社会サイクル」は「**1**」となる。

［ 社会サイクルの個々の意味 ］

基本的に「個人サイクル」と、大きな流れは同じですが、「個人」と「社会」という主体者が違うため、「サイクル」の意味合いや流れが、微妙に違うところもあるので、要注意。

① **スタート、変動の年**
価値観が大きく変化する出来事が起こりやすい年。

② **不安定で不均衡な年**
ふたつの価値観の間で大きく揺れ動く不安定な年。

③ **アクティブな創造の年**
あらゆるもののリズムに変化が起きやすい年。

④ **社会的不安で停滞の年**
重く沈んだ年になりがちで、停滞気味な年。

⑤ **再生と交流の年**
新旧交代が激しくなり、新しい動きが出て、交流が活発になる年。

⑥ **激動の年**
最も変化の激しい年。天変地異や自然災害、大事故、戦争などが起こりやすい年。

⑦ **躍動と変革の年**
新しい動きの中で、社会の仕組みに明らかな変化と変革をもたらす年。

⑧ **繁栄と主張の年**
それまでの成果がはっきりと享受できる年。国家間で主義主張が明確になる年。

⑨ **完成と変化の年**
ひとつのサイクルの終末と新たなサイクルの芽が混在する年。

⑪ **バランスと平安の年**
心と身体、物質と精神などふたつの極のバランスをとり、平和に意識が向く年。

㉒ **波乱と共生の年**
価値観が大きく変わる波乱に見舞われ、共生の機運が高まる年。

「個人サイクル」と「社会サイクル」の関係性について

あなたの人生は誰がなんといおうと、あなたが主役です。ですから、自らの運気の流れを診る時は、あくまで「個人サイクル」を主体に診てください。「社会サイクル」は、社会全体の動きを表すものであり、政治・経済・気候・天変地異など、時代の大きな流れを読み解くためのもの。「個人」と「社会」、それぞれの「サイクル」が、あなたの人生に与える影響度を表すと……「個人サイクル」＞「社会サイクル」となります。

例えば、「社会サイクル」が「4：停滞」に当たっていたとしても、その年のお誕生日から「個人サイクル」が「1：発展」に入るのであれば、お誕生日以降に、新しい仕事や生活をスタートさせた方が、流れにのりやすくなると読み解きます。

さらに「社会サイクル」は1月1日からスタートし、12月31日で1年の「社会サイクル」が完結しますが、「個人サイクル」はあくまで、各自のお誕生日起点です。なぜなら、あなたの人生は、お誕生日からスタートしているのですから、自分のお誕生日が起点になって、運気の流れが変わるのは当然のこと。年に一度の自分のお誕生日こそ、あなたの運気が切り変わる最重要ポイントだと認識しておきましょう。

「ライフフローチャート（人生周期表）」とは……？

「はづき数秘術」の根幹を成す、人生の波を読み解くための究極メソッド（法則）。人は誰でも生まれる前に、今生における大まかな計画表を作って生まれてきます。それはいわば、「人生の設計図（シナリオ）」のようなもの。その「人生の設計図」を読み解くための知恵が、「はづき数秘術」における、「ライフフローチャート＝人生周期表」と呼ばれるものです。「ライフフローチャート」は、お誕生日を起点に1年ごとに切り替わる「ライフサイクル（＝個人サイクル）」が９つ集まり、ひとつの「ライフステージ」となります。その「ライフステージ」が３つ集まり、27年単位の「ライフパート」となり、さらにそれが３つ集まり、全81年で人生周期が完成するという構造になっています。

自らの「ライフフローチャート」を知ることで、自分が今、人生全体のどの位置にいるのか、ターニングポイントはどこか、これからどんな人生の波が待っているのか、さらに過去、あの時期になぜ、あんなことが起きたのかも、手に取るように読み解けます。この知恵を活用すれば、過去を後悔することも、未来を心配することもなくなり、人生の目的も明確になり、生きるのがグッと楽に楽しくなること、間違いナシです！

人生の波が大きく切り替わる「3つのターニングポイント」

人生の波にのるために、必要なこと。それはズバリ！「自らの人生の波を知り、運命の波にのること」です。中でも「はづき数秘術」の「ライフフローチャート」では、人生には3つの大きなターニングポイント（転換点）があると読み解きます。

まず、ひとつ目が「第4ステージ」の「ライフサイクル1」の時。27年単位の「宿命期」と「運命期」の切り替え時。今まで親や社会の庇護《ひご》の元、成り立っていた人生が、完全に独り立ちし、自分の人生が始まるポイントです。ふたつ目が「第5ステージ」の「ライフサイクル5」の時。人生全体のちょうど、ど真ん中、折り返し地点。ここからさらに上昇する人と下降する人とに分かれる、人生最大の分岐点です。そして3つ目は「第7ステージ」の「ライフサイクル1」の時。ここからは自らの「使命・天命」を意識して、どれだけ周りにお返しできるかが、後半生の波にのるための重要ポイントになります。

この3つの転機は、いずれも人生の流れが大きく変わる時なので、このポイントを見過ごさないことが、非常に重要。そのためにも、このチャートを活用し、今自分が人生のどの位置にいるのかを把握することから、始めましょう。

[人生を俯瞰できる**魂の設計図**]

「ライフフローチャート(人生周期表)」の見方・基本構造

・「運命数」の計算方法は42ページへ。
・○印の箇所が「3つのターニングポイント」を表します。

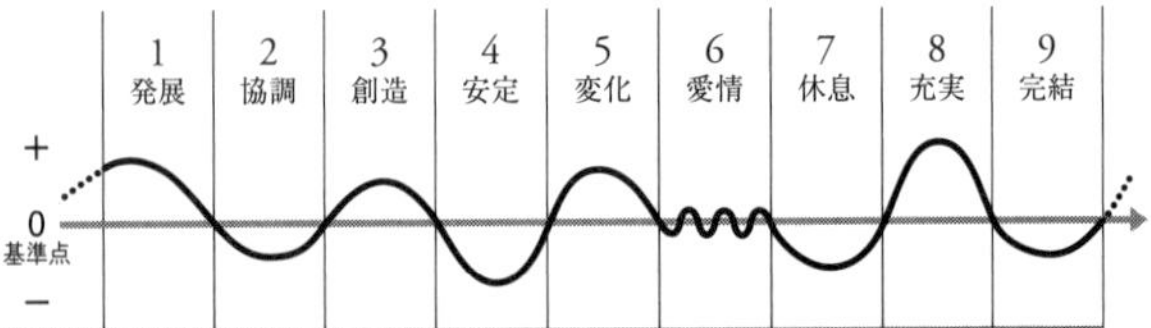

人生周期	ライフステージ(9年×9ステージ)	ライフサイクル(9年周期の波)								
		1 発展	2 協調	3 創造	4 安定	5 変化	6 愛情	7 休息	8 充実	9 完結
	プレステージ 0歳〜									0
宿命期	第1ステージ 1歳〜	1	2	3	4	5	6	7	8	9
	第2ステージ 10歳〜	10	11	12	13	14	15	16	17	18
	第3ステージ 19歳〜	19	20	21	22	23	24	25	26	27
運命期	第4ステージ 28歳〜	○28	29	30	31	32	33	34	35	36
	第5ステージ 37歳〜	37	38	39	40	○41	42	43	44	45
	第6ステージ 46歳〜	46	47	48	49	50	51	52	53	54
使命・天命期	第7ステージ 55歳〜	○55	56	57	58	59	60	61	62	63
	第8ステージ 64歳〜	64	65	66	67	68	69	70	71	72
	第9ステージ 73歳〜	73	74	75	76	77	78	79	80	81
	アフター・ステージ 82歳〜	82	83	84	85	86	87	88	89	90

＊「ライフフローチャート」は「運命数」によって異なります。詳細はp.306以降をご参照ください。

「ライフステージ」の意味と活用方法

★プレステージ⋙「人生の助走・準備期間」

生命の誕生（＝0歳）から、すぐに人生が始まるのではなく、準備期間が必要。運命数が若い数字（1・2・3）の人ほど、人生がスロースタートで後半型となり、成熟した数字（7・8・9）の人ほど、人生の進み方が早くなり、早熟傾向になる。

★第1ステージ⋙「自己確立と選択の時期」

自らの人生における種をまく時期。どんな種かは、両親との関係に大きく左右され、良くも悪くも、この時期の両親との関係性が人生の土台を創ります。第1ステージの「サイクル1」の時が、まさに人生の実質的なスタートとなる。

★第2ステージ⋙「他人とつながる調和の時期」

家族以外の他人、友達や先輩、後輩、異性との人間関係を学ぶ時期。特にここは、異性との関係性や恋愛を学ぶ時期。その経験は、その後の恋愛、結婚、家庭生活への影響が大。

★第３ステージ⋙「社会と関わる創造期」

自ら社会に出ていく時。この時期は、生まれ育った家を出て自立し、就職やひとり暮らし、結婚などの社会経験を積みながら、「社会の一員」となることが求められる時期です。

★第４ステージ⋙「実力養成・土台作りの時期」

社会人としての土台を作る、基礎固めの時。公私ともに忙しく、人生で一番しんどい時期であり、無理が利く時。ここで実力を養っておかないと、人生の実りが小さくなるかも。

★第５ステージ⋙「自分探し・人生の転換期」

自らの人生の方向性を見つめ直す時期。仕事や子育ても一段落し、自分の内側に関心が向く。人生の折り返し地点をキッカケに、後半生について考え、夢やビジョンをもつこと。

★第６ステージ⋙「仲間づくり・家族の見直し時期」

死別、相続、介護、同居、子の独立、離婚など、親や兄弟姉妹、夫婦や子どもとの関係が大きく変わる家族の見直し時期。血縁を超えた新しい仲間とのつながりが、カギを握る。

★第7ステージ≫「人生の見直し・自立の時期」

「第二の人生」が本格的にスタートする、人生の後半生に入る、切り替え時期。ひとりの人間として、自立が求められる。ここで他者に依存していると、孤立することに。

★第8ステージ≫「人生の収穫・充実期」

人生のゴールデンエイジ（黄金期）。人生全体の実りと収穫の時期。ここまで積み重ねてきたものが、目に見える形となって、返ってくる。ある意味、人生の成績表が出る時。

★第9ステージ≫「次世代への社会貢献」

前ステージで、人生の結果はほぼ出ている。満足できる実を収穫できた人は、あとは感謝の気持ちで、子どもや孫、後輩や地域社会にお返ししていく「恩返し」の時期。

★アフター・ステージ≫「人生の集大成・仕上げの時期」

天命を果たす時期。人は亡くなる前の9年間の記憶しか、あの世にはもっていけないといわれる。亡くなり方に、その人の人生が凝縮されて出る。「どう死ぬのか」が、「どう生きるか」の答えとなって表われる。

[運命数 1 のライフフローチャート]

プレステージの長い「運命数１」の人は、典型的な大器晩成型

ターニングポイント

ズバリ！ 36歳が、人生の大きなターニングポイント。36歳は結婚、出産、独立起業など、環境が大きく変わるチャンスです。ここは思い切った決断で、自らの人生を切り拓いていきましょう。

人生周期	ライフステージ（9年×9ステージ）	ライフサイクル（9年周期の波）								
		1 発展	2 協調	3 創造	4 安定	5 変化	6 愛情	7 休息	8 充実	9 完結
	プレステージ 0〜8歳	0	1	2	3	4	5	6	7	8
宿命期	第1ステージ 9〜17歳	9	10	11	12	13	14	15	16	17
宿命期	第2ステージ 18〜26歳	18	19	20	21	22	23	24	25	26
宿命期	第3ステージ 27〜35歳	27	28	29	30	31	32	33	34	35
運命期	第4ステージ 36〜44歳	36	37	38	39	40	41	42	43	44
運命期	第5ステージ 45〜53歳	45	46	47	48	49	50	51	52	53
運命期	第6ステージ 54〜62歳	54	55	56	57	58	59	60	61	62
使命・天命期	第7ステージ 63〜71歳	63	64	65	66	67	68	69	70	71
使命・天命期	第8ステージ 72〜80歳	72	73	74	75	76	77	78	79	80
使命・天命期	第9ステージ 81〜89歳	81	82	83	84	85	86	87	88	89
	アフター・ステージ 90歳〜	90								

[運命数2.11のライフフローチャート]

調和とバランス、受容の人。誰とつながるのかで、人生は決まります

ターニングポイント

ズバリ！ 35歳が、運命の分かれ道になりそう。その辺りで出会う人が、良くも悪くも「運命の人」になる可能性大。48歳以降に、人間関係がらみの学びがあり、もうひと波乱あるかも。

人生周期	ライフステージ（9年×9ステージ）	ライフサイクル（9年周期の波）								
		1 発展	2 協調	3 創造	4 安定	5 変化	6 愛情	7 休息	8 充実	9 完結
	プレステージ 0〜7歳		0	1	2	3	4	5	6	7
宿命期	第1ステージ 8〜16歳	8	9	10	11	12	13	14	15	16
	第2ステージ 17〜25歳	17	18	19	20	21	22	23	24	25
	第3ステージ 26〜34歳	26	27	28	29	30	31	32	33	34
運命期	第4ステージ 35〜43歳	35	36	37	38	39	40	41	42	43
	第5ステージ 44〜52歳	44	45	46	47	48	49	50	51	52
	第6ステージ 53〜61歳	53	54	55	56	57	58	59	60	61
使命・天命期	第7ステージ 62〜70歳	62	63	64	65	66	67	68	69	70
	第8ステージ 71〜79歳	71	72	73	74	75	76	77	78	79
	第9ステージ 80〜88歳	80	81	82	83	84	85	86	87	88
	アフター・ステージ 89歳〜	89	90							

[運命数3 のライフフローチャート]

創造力を活かして、エンターテイナーとして、人生を遊び尽くそう

ターニングポイント

34歳の時が、最初の人生の転換点。47歳は、さらに大きな転機になりそう。ここでもう一度、夢に挑むか、あきらめてしまうかどうかで、人生の後半生は全く違うものになりそう。

人生周期	ライフステージ(9年×9ステージ)	ライフサイクル(9年周期の波)								
		1 発展	2 協調	3 創造	4 安定	5 変化	6 愛情	7 休息	8 充実	9 完結
	プレステージ 0〜6歳			0	1	2	3	4	5	6
宿命期	第1ステージ 7〜15歳	7	8	9	10	11	12	13	14	15
宿命期	第2ステージ 16〜24歳	16	17	18	19	20	21	22	23	24
宿命期	第3ステージ 25〜33歳	25	26	27	28	29	30	31	32	33
運命期	第4ステージ 34〜42歳	34	35	36	37	38	39	40	41	42
運命期	第5ステージ 43〜51歳	43	44	45	46	47	48	49	50	51
運命期	第6ステージ 52〜60歳	52	53	54	55	56	57	58	59	60
使命・天命期	第7ステージ 61〜69歳	61	62	63	64	65	66	67	68	69
使命・天命期	第8ステージ 70〜78歳	70	71	72	73	74	75	76	77	78
使命・天命期	第9ステージ 79〜87歳	79	80	81	82	83	84	85	86	87
	アフター・ステージ 88歳〜	88	89	90						

[運命数4.22のライフフローチャート]

焦らず、キッチリ・コツコツ続けることこそ、成功のヒケツ

ターニングポイント

ズバリ！ 33歳が、重要なタイミング。人生の土台作りの「第４ステージ」の９年間は、あなたにとって、特に大事。困難に直面しても逃げずに立ち向かうことで実力が養われていくのです。

人生周期	ライフステージ（9年×9ステージ）	ライフサイクル（9年周期の波）								
		1 発展	2 協調	3 創造	4 安定	5 変化	6 愛情	7 休息	8 充実	9 完結
	プレステージ 0～5歳				0	1	2	3	4	5
宿命期	第1ステージ 6～14歳	6	7	8	9	10	11	12	13	14
宿命期	第2ステージ 15～23歳	15	16	17	18	19	20	21	22	23
宿命期	第3ステージ 24～32歳	24	25	26	27	28	29	30	31	32
運命期	第4ステージ 33～41歳	33	34	35	36	37	38	39	40	41
運命期	第5ステージ 42～50歳	42	43	44	45	46	47	48	49	50
運命期	第6ステージ 51～59歳	51	52	53	54	55	56	57	58	59
使命・天命期	第7ステージ 60～68歳	60	61	62	63	64	65	66	67	68
使命・天命期	第8ステージ 69～77歳	69	70	71	72	73	74	75	76	77
使命・天命期	第9ステージ 78～86歳	78	79	80	81	82	83	84	85	86
	アフター・ステージ 87歳～	87	88	89	90					

[運命数5のライフフローチャート]

転機こそ、チャンス。フットワークも軽やかに、波をのりこなそう

ターニングポイント

ズバリ！ 45歳が最重要。あなたの人生は、完全な展開型。誰と出会うかが、人生を左右します。この時期の前後で出会う人によって、後半生は大きく変わってくるハズ。常にポジティブな状態を保ちましょう。

人生周期	ライフステージ（9年×9ステージ）	ライフサイクル（9年周期の波）								
		1 発展	2 協調	3 創造	4 安定	5 変化	6 愛情	7 休息	8 充実	9 完結
	プレステージ 0～4歳					0	1	2	3	4
宿命期	第1ステージ 5～13歳	5	6	7	8	9	10	11	12	13
	第2ステージ 14～22歳	14	15	16	17	18	19	20	21	22
	第3ステージ 23～31歳	23	24	25	26	27	28	29	30	31
運命期	第4ステージ 32～40歳	32	33	34	35	36	37	38	39	40
	第5ステージ 41～49歳	41	42	43	44	45	46	47	48	49
	第6ステージ 50～58歳	50	51	52	53	54	55	56	57	58
使命・天命期	第7ステージ 59～67歳	59	60	61	62	63	64	65	66	67
	第8ステージ 68～76歳	68	69	70	71	72	73	74	75	76
	第9ステージ 77～85歳	77	78	79	80	81	82	83	84	85
	アフター・ステージ 86歳～	86	87	88	89	90				

[運命数6.33のライフフローチャート]

惜しみなく配った愛は、大きくなってあなたの元に返ってきます

ターニングポイント

人生の岐路はズバリ！ 44歳。それまでは「家族のため」の人生ですが、そこから「自分のため」の人生が始まるハズ。どちらを優先して、後半生を生きるのか。その決断は、あなた次第です。

人生周期	ライフステージ（9年×9ステージ）	ライフサイクル（9年周期の波）								
		1 発展	2 協調	3 創造	4 安定	5 変化	6 愛情	7 休息	8 充実	9 完結
	プレステージ 0〜3歳						0	1	2	3
宿命期	第1ステージ 4〜12歳	4	5	6	7	8	9	10	11	12
	第2ステージ 13〜21歳	13	14	15	16	17	18	19	20	21
	第3ステージ 22〜30歳	22	23	24	25	26	27	28	29	30
運命期	第4ステージ 31〜39歳	31	32	33	34	35	36	37	38	39
	第5ステージ 40〜48歳	40	41	42	43	44	45	46	47	48
	第6ステージ 49〜57歳	49	50	51	52	53	54	55	56	57
使命・天命期	第7ステージ 58〜66歳	58	59	60	61	62	63	64	65	66
	第8ステージ 67〜75歳	67	68	69	70	71	72	73	74	75
	第9ステージ 76〜84歳	76	77	78	79	80	81	82	83	84
	アフター・ステージ 85歳〜	85	86	87	88	89	90			

[運命数7のライフフローチャート]

周りを気にせず、職人気質でマイペース。それが自分スタイル

ターニングポイント

43歳までに、人生をかけられるライフワークを見つけること。独自のスタイルが本当に評価されるのは、57歳以降かも。ひとつの道を究めるほど、自分も楽しくなり、周りからの評価も上昇します。

人生周期	ライフステージ(9年×9ステージ)	ライフサイクル(9年周期の波)								
		1 発展	2 協調	3 創造	4 安定	5 変化	6 愛情	7 休息	8 充実	9 完結
	プレステージ 0～2歳							0	1	2
宿命期	第1ステージ 3～11歳	3	4	5	6	7	8	9	10	11
	第2ステージ 12～20歳	12	13	14	15	16	17	18	19	20
	第3ステージ 21～29歳	21	22	23	24	25	26	27	28	29
運命期	第4ステージ 30～38歳	30	31	32	33	34	35	36	37	38
	第5ステージ 39～47歳	39	40	41	42	43	44	45	46	47
	第6ステージ 48～56歳	48	49	50	51	52	53	54	55	56
使命・天命期	第7ステージ 57～65歳	57	58	59	60	61	62	63	64	65
	第8ステージ 66～74歳	66	67	68	69	70	71	72	73	74
	第9ステージ 75～83歳	75	76	77	78	79	80	81	82	83
	アフター・ステージ 84歳～	84	85	86	87	88	89	90		

[運命数8のライフフローチャート]

大きく稼いで、大きく回す。周りを巻き込む力こそ、あなたの魅力

ターニングポイント

29歳までに心身ともに自立し、42歳までに後半生のシナリオを描いておくこと。56歳からが、人生の本番。ここから全く新しい「第二の人生」をスタートさせても、豊かに成功できます。

人生周期	ライフステージ（9年×9ステージ）	ライフサイクル（9年周期の波）								
		1 発展	2 協調	3 創造	4 安定	5 変化	6 愛情	7 休息	8 充実	9 完結
	プレステージ 0〜1歳								0	1
宿命期	第1ステージ 2〜10歳	2	3	4	5	6	7	8	9	10
宿命期	第2ステージ 11〜19歳	11	12	13	14	15	16	17	18	19
宿命期	第3ステージ 20〜28歳	20	21	22	23	24	25	26	27	28
運命期	第4ステージ 29〜37歳	29	30	31	32	33	34	35	36	37
運命期	第5ステージ 38〜46歳	38	39	40	41	42	43	44	45	46
運命期	第6ステージ 47〜55歳	47	48	49	50	51	52	53	54	55
使命・天命期	第7ステージ 56〜64歳	56	57	58	59	60	61	62	63	64
使命・天命期	第8ステージ 65〜73歳	65	66	67	68	69	70	71	72	73
使命・天命期	第9ステージ 74〜82歳	74	75	76	77	78	79	80	81	82
	アフター・ステージ 83歳〜	83	84	85	86	87	88	89	90	

[運命数9のライフフローチャート]

典型的な早熟「大人」タイプ。年齢を重ねるほど、生きやすくなる

ターニングポイント

ズバリ！ 55歳が人生の分岐点。そこから「使命・天命」に沿った、本当にあなたらしい人生が始まるハズ。そのための準備として41歳までに、自らの進むべき道、ライフワークを決めておくことが重要です。

人生周期	ライフステージ（9年×9ステージ）	ライフサイクル（9年周期の波）								
		1 発展	2 協調	3 創造	4 安定	5 変化	6 愛情	7 休息	8 充実	9 完結
	プレステージ 0歳～									0
宿命期	第1ステージ 1～9歳	1	2	3	4	5	6	7	8	9
	第2ステージ 10～18歳	10	11	12	13	14	15	16	17	18
	第3ステージ 19～27歳	19	20	21	22	23	24	25	26	27
運命期	第4ステージ 28～36歳	28	29	30	31	32	33	34	35	36
	第5ステージ 37～45歳	37	38	39	40	41	42	43	44	45
	第6ステージ 46～54歳	46	47	48	49	50	51	52	53	54
使命・天命期	第7ステージ 55～63歳	55	56	57	58	59	60	61	62	63
	第8ステージ 64～72歳	64	65	66	67	68	69	70	71	72
	第9ステージ 73～81歳	73	74	75	76	77	78	79	80	81
	アフター・ステージ 82歳～	82	83	84	85	86	87	88	89	90

「はづき数秘術」を１２０％活用するためのＱ＆Ａ

Q **実際の誕生日と、戸籍上の誕生日が違う場合は、どのように見ればいいですか？**

A 「はづき数秘術」では、戸籍上の誕生日は「ご両親から期待されている性質や生き方」を表し、実際の誕生日は「本当の自分がもっている性質や生き方」を表すと考えます。どちらの誕生日も、その人の人生に影響を与えていますが、この世に誕生した日が「本当の誕生日」であり、そちらの数字の資質をより意識して生きていくことをオススメします。

Q **「はづき数秘術」の場合、生まれた時間や名前などは関係ないのでしょうか？**

A 「はづき数秘術」ではできるだけ、わかりやすくシンプルに「生まれた日」の数字のみに焦点《しょうてん》を合わせて診ています。ゆえに、生まれた時間や名前をアルファベットに置き換えて算出する数字などは、運勢を診断する判断材料としては使いません。

Q **双子の場合や、誕生日が同じ人は、同じ運命になるということですか？**

A 同じ誕生日の場合、基本的な資質や人生の方向性は同じと考えます。ただ、「はづき数秘術」の数字の組み合わせは１２００通りに及び、血液型や十二星座と比べると、１００倍以上のバリエーションがあります。「どこから来て」「どのルートを通り」「どこへ向かっているのか」が同じでも、今いる場所、人生を歩くスピードや歩き方によって、見える景色は異なります。周囲の影響もあり、誕生日が同じでも、どの数字の資質が強調されるかで個性の出方は違ってくるため、同じ運命をたどるワケではありません。

Q **「はづき数秘術」は、誕生日だけに当てはまるものなのですか？**

A すべての数字は、「数」ではなく「文字」です。ですから、電話番号や部屋番号、カーナンバー、カード番号などもすべて、「文字」としてメッセージを携えていると見なします。その中で誕生日は、個人を特定する重要な数字であり、誕生日だけでもこれだけ膨大な情報が読み取れることにこそ、「はづき数秘術」の知恵の価値があるといえます。

Q **「使命・天命期」が終わると、寿命も尽きるのですか？**

A もちろん、そんなことはありません。「使命・天命期」を迎える前に寿命がくる場合もあるので、すべての人が「ライフフローチャート」どおりの人生を送るワケではありません。これはあくまで、人生をよりよく生きるための「理想のお手本・ガイドライン」のようなものであり、個々の人生の終わりや寿命を暗示するものではありません。

Q 「動揺」や「大波乱」の波を避けることは、できないのですか?

A 残念ながら、それらを避けて通ることはできません。しかし、2桁のゾロ目になる「11：動揺」や「22：大波乱」の年は、ネガティブな現象が起こると決まっているワケではありません。確かに「精神的に揺さぶられる、厳しい現象が起こりやすい時期」ですが、それがわかっているのと、知らずに遭遇《そうぐう》するのとでは大違い。「動揺」や「大波乱」を怖がらず、挑戦しがいのある課題だととらえれば、一気に運気の波にのるチャンスにもなるのです。

Q 「はづき数秘術」に全く当てはまらない人もいるのでしょうか?

A この知恵は、約２５００年以上の歴史をもつ「カバラ数秘術」をベースにしたもの。永きにわたって受け継がれた叡智であり、統計的な人類分類法だといえます。統計学のため、すべての人がこの分類法に当てはまるワケではなく、例外があるのは当然でしょう。しかし、「はづき数秘術」は当たる・当たらないに一喜一憂する「当てもの」の類いではありません。これは単なる占いではなく、歴史に裏づけられた統計学の一種であり、その知恵を活かすも殺すも使い方次第。もし仮に、当てはまらない人がいたとしても、それだけでこの知恵に価値がないと判断するのは、あまりに早計だと、私は思います。

おわりに

「はづき数秘術」の知恵を活用する際、大切にして欲しい5つの約束

本書の最後にお伝えしたいことが、ひとつ。このタイミングで、あなたが本書を手に取ってくださったのも、決して偶然ではなく必然です。それゆえ、あなたにはこの知恵を活かして、より自分らしく輝いて生きる責任があり、またこの知恵を周りに広めていく役割があると思うのです。そんなあなたに「大切にして欲しい5つの約束」です。ぜひ、あなたの心の片隅にでも留めておいていただけると、著者としては望外の喜びです。

1 まず何より自分自身が、自分の「数字」の性質、特徴、強み、長所を活かして、自分らしく、より幸せに生きていくために、この知恵を活用すること

2 自らの「ライフフローチャート（人生周期表）」を読み解くことで、日々起きてくる出来事に一喜一憂せず、人生を俯瞰して見ながら、自分らしい生き方を貫き、与えられた使命、天命を果たせるよう励むこと

3 あなたの周りの人々に、あなたの生き方を見てもらうことで、その根底にある思考、考え方、信念に興味をもってもらえるよう、努めること

4 「はづき数秘術」の知恵を周りに伝える時は、何より自分自身が楽しく伝えること。この知恵を使って、相手を決めつけたり、支配したり、コントロールしたりせず、相手の幸せ度と自由度が上がるように、伝えること

5 「はづき数秘術」の源は、宇宙の叡智であり、真理。なので、この知恵の使い方に特に制約は設けませんが、常に敬意を払って、大切に扱うこと

はづき虹映

作家。講演家。「はづき数秘術」創始者。1995年の阪神・淡路大震災をキッカケに、「目に見えない世界」の探求に目覚める。その過程で出会った、古代ユダヤの知恵である「カバラ数秘術」をもとに、大胆な発想で独自の編集を加えた「はづき数秘術」を確立。「コワイほど当たる！」と大きな話題に。現在は「数秘術」における日本の第一人者として、この知恵の普及に努めている。『誕生日占い』（中経の文庫）、『366日誕生日全書』（世界文化社）、『すごい片づけ』、『自分を知り、未来をひらく 数秘オラクルカード』（河出書房新社）など、著作は90冊以上、累計210万部を超えるミリオンセラー作家でもある（2021年10月現在）。

＊本書の内容に関するお問い合わせは、お手紙かメール（jitsuyou@kawade.co.jp）にて承ります。恐縮ですが、お電話でのお問い合わせはご遠慮くださいますようお願いいたします。

ゼロからマスターする数秘術
誕生日から読み解く、あなたの人生

2021年10月30日　初版発行
2024年10月30日　11刷発行

著　　者　はづき虹映
発 行 者　小野寺優
発 行 所　株式会社河出書房新社
〒162-8544 東京都新宿区東五軒町2-13
☎03-3404-1201［営業］　☎03-3404-8611［編集］
https://www.kawade.co.jp/

ブックデザイン　轡田昭彦+坪井朋子
印刷・製本　株式会社暁印刷

Printed in Japan
ISBN978-4-309-28926-7